John Coates
Ökologie für jedermann

John Coates

Ökologie für jedermann

AT Verlag Aarau · Stuttgart

Inhalt

Gesamtherstellung: Grafische Betriebe Aargauer Tagblatt AG, Aarau
Printed in Switzerland

ISBN 3-85502-200-3

Vorwort
zur Entstehung dieses Buches

Schon lange hatten wir Mitarbeiter am Ökozentrum den Wunsch, ein einfach verständliches Buch über das zu schreiben, was uns wichtig ist, wofür wir uns einsetzen. Eines Tages meldete sich bei uns ein Freiwilliger, der sich für eine temporäre Mitarbeit interessierte. Als er dann ankam, stellten wir erstaunt fest, dass dieser «Freiwillige» ein englischer Herr namens John Coates war, der dann auch kräftig zupackte und uns beim Ausbau der Fischzuchtanlage half. John war und ist ein in Berlin lebender Journalist, war aber auch viele Jahre Biobauer in Schottland und damit mit dem ökologischen Denken bestens vertraut. So schien er für das Schreiben dieses Buches prädestiniert.
Wir sind ihm für diesen ursprünglich in Englisch geschriebenen Text und seiner Partnerin Ulla Feldmann für die Übersetzung sehr dankbar. Er hat etwas, was uns selber schwerfällt, erreicht: eine anschauliche, leicht lesbare Darstellung von ökologischen Zusammenhängen und Utopien, von unserer Arbeit und Aktivitäten sowie von Leuten in unserer geistigen Nachbarschaft.

Im Mai 1985

Für das Mitarbeiterteam des Ökozentrums Langenbruck:
Paul Schudel und Matthias Zimmermann

Noch ein Ökobuch?

Wenn ich mich an Leib und Seele erholen möchte, tut es mir gut, zum Ökozentrum nach Langenbruck zu fahren. Es war jedesmal lohnend, dort für einige Wochen zu leben und zu arbeiten. Arbeiten bedeutet, da mitzuhelfen, wo gerade Not am Mann ist – ob es darum geht, einen Brief an eine Kooperative nach Yucatan aufzusetzen, Sonnenkollektoren auf dem Dach zu installieren oder bei der Kartoffelernte mitzumachen – alles nützliche Tätigkeiten, die einen abends zufrieden zu Bett gehen lassen und nicht zuletzt einen gesunden Schlaf bescheren. Und bei den Mahlzeiten gibt es nicht nur schmackhaftes Essen aus der Bioküche, sondern ernste oder heitere und oftmals sehr anregende Gespräche.

So ist die Idee, dieses Büchlein zu schreiben, bei einem solchen Gespräch nach dem Abendessen entstanden. Wir waren uns einig, dass es bereits zahllose Bücher über Ökologie gibt, doch die meisten davon sind für den Neuinteressenten zu spezialisiert. Da kann man nachlesen, wie ein Komposthaufen anzusetzen ist, warum wir mit der Konzernwirtschaft unweigerlich Schiffbruch erleiden werden oder auf welche Weise die Sonnenenergie in Afrika zum Kochen ausgenützt werden kann. Nur wenige Bücher bieten einen Überblick über die vielfältigen Aspekte und ihre Zusammenhänge, die sich unter dem Decknamen Ökologie verbergen, und die, die es tun, sind oft zu massiv und aufwendig für den, der nur einmal wissen möchte, was mit dem Wort gemeint ist, das heutzutage in aller Munde ist.
Wer mit der Eisenbahn in der Schweiz reist, kann es auf jedem Bahnhof lesen: «Willkommen auf der Umweltspur» oder «In Zukunft die Bahn». Noch vor wenigen Jahren hätte kein Werbefachmann der Eisenbahn eine Zukunft prophezeit, man glaubte vielmehr, sie sei bereits weitgehend durch den Strassen- und Luftverkehr abgelöst. Und ein Wort wie «Umweltspur» hätte niemand verstanden.
Dieses kleine Buch will kurz erklären, warum uns die Lebensbedingungen auf unserem Planeten auf einmal gefährdet erscheinen. An einigen Beispielen soll gezeigt werden, wie es uns Menschen heute geht, wenn wir das Streben nach Harmonie mit der Natur ausser acht lassen, wie uns der materielle Wohlstand eingelullt hat, so dass wir nicht merken, wie rapide wir die kostbaren Vorräte, die die Natur für uns angelegt hat, verschwenden. Es will helfen, unser Umweltbewusstsein zu schärfen, Denkanstösse geben und im Ansatz zeigen, wie wir alle dazu beitragen können, zu einem Leben *mit* unserer Erde zurückzufinden, als Hausfrau genauso wie als Regierungspräsident.
Ich möchte diese Schrift meinen Freunden in Langenbruck widmen, denen ich für ungezählte schöne und wertvolle Stunden dankbar bin – allen, angefangen von der sechsmonatigen Sonja Clara Schudel, auf die noch Schumachers Diktion «Small is beautiful» im Sinne des Wortes zutrifft, bis zum sechzigjährigen Pierre Fornallaz, der gemeinsam mit den anderen im Ökozentrum dafür einsteht, dass wir «ohne Weisheit» nicht überleben können.

John Coates

(«Wir sind viel zu gescheit geworden, als dass wir ohne Weisheit überleben könnten» aus: E. F. Schumacher, «Rat für die Ratlosen»)

Die schlimme Geschichte mit den Plastiksäcken

Dr. Schuster beugte sich mühsam über seine Leibesfülle, um sein Gewicht auf der Badezimmerwaage zu kontrollieren – es blieb dabei, 100 kg. Viel zu viele Geschäftsessen! Er sollte wirklich mit dem Joggen beginnen. Aber nicht heute. Es war ohnehin schon spät, dafür würde er lieber auf das Frühstück verzichten. Ein Versuch, mit den Fingerspitzen die Zehen zu berühren, blieb vergeblich. Er richtete sich auf, das Blut pochte ihm in den Schläfen, und für einige Augenblicke war ihm richtig schwindlig. Er rieb sich die Augen, ein leichter Kopfschmerz hinter der Stirn liess sich nicht wegwischen – jedesmal, wenn er nachts die Zentralheizung im Schlafzimmer anliess, um es zu temperieren, wachte er morgens mit einer trockenen Kehle und Kopfschmerzen auf. Er nahm ein Aspirin, trank ein Glas Wasser und stellte sich unter die heisse Dusche. Bereits beim Anziehen fing er an zu schwitzen. Er stöhnte leise, während er sich bückte, um die Schnürsenkel zu binden.

Dr. Schuster war Verkaufsdirektor der FFC, eines internationalen Konzerns, der chemische Hilfsprodukte für die Landwirtschaft herstellte. Er reiste viel ins Ausland, flog zwischen den fünf Kontinenten hin und her und litt wegen der ständigen Zeitverschiebung unter chronischem Schlafmangel. Jet-lag sagt man heute dazu. Gereizt durchblätterte er die Zeitung auf dem Frühstückstisch, überflog die Marktberichte und Börsenpreise und beobachtete irritiert, wie Peter, sein 18jähriger, hochaufgeschossener Sohn ein Brötchen dick mit Butter belegte und wie seine Tochter Luise genüsslich eine grosse Schüssel mit Joghurt in sich hineinlöffelte. Er hatte einen arbeitsreichen Tag vor sich, Birchermüsli und weichgekochte Eier auf dem Tisch lockten – doch er beherrschte sich und trank nur eine Tasse schwarzen Kaffee. Marie, seine Frau, schimpfte, er sei unvernünftig und geradezu undankbar, das liebevoll bereitete Frühstück stehen zu lassen, ob sie es ihm denn gar nicht recht machen könne? Dr. Schuster runzelte nur die Stirn – Marie hatte auch Gewichtsprobleme, sie trank einen Orangensaft und ass nur ein Knäckebrot mit Margarine. Der Kaffee belebte ihn angenehm, er sprang auf, straffte den Rücken, zog den Bauch ein und eilte raschen Schrittes die 10 Meter bis zur Garage, wobei er sich vorkam, als würde er eine echte körperliche Leistung vollbringen. Hinter dem Lenkrad seines Mercedes sitzend, fühlte er sich voller Kraft und Unternehmungslust – doch nur vorübergehend. Kaum hatte er die Hauptstrasse erreicht und sich in die endlose, krampfartig rukkende Autoschlange eingereiht, die stand und wieder kroch, bis sie sich in der Stadt für Augenblicke in einem Knäuel verhedderte, da verspürte er nur noch Ärger und Frustration. Wie in seinem Auto waren auch in fast allen anderen Autos mindestens drei Sitzplätze frei. In den meisten vorbeifahrenden Strassenbahnen und Bussen gab es auch noch freie Sitzplätze, und während Dr. Schuster zum wiederholten Male stoppen musste und das Fenster neben sich herabkurbelte, um den Rauch seiner Zigarre hinauszulassen, dachte er, wie viel vernünftiger es doch wäre, wenn die Fahrer aller dieser dreiviertel leeren Autos um ihn herum die öffentlichen Verkehrsmittel benutzten. Leute wie er, die auch tagsüber auf ihren Wagen angewiesen waren, müssten dann nicht so viel wertvolle Zeit im Verkehrsstau opfern. Er schloss wieder schnell sein Fenster, denn die Auspuffgase beeinträchtigten den Genuss seiner Havanna, und schimpfte dabei auf zwei Radfahrer, die so taten, als gehörte die Strasse ihnen!

Neben dem Verwaltungsgebäude der FFC lag der Parkplatz, der eine genauso grosse Fläche beanspruchte wie die Bürokomplexe. Dr. Schuster sah, dass er bereits verspätet zur monatlichen Verkaufssitzung kam. Eben noch zufrieden mit sich selbst über seinen Sieg am Frühstückstisch und dass ihn der Kampf durch den dichten Verkehr nur 40 Minuten für 15 km Entfernung gekostet hatte, bedrückten ihn nun die Gedanken an die gleich zu debattierenden Verkaufsziffern, die einen anhaltenden Trend nach unten zeigten. Die Sitzung verlief schlecht. Der Vorstandsvorsitzende hatte sein Leben lang nur von Umsatzzuwachs gehört, und Angaben über Umsatzeinbussen, Verbote von Pestiziden und Insektiziden und Nachrichten über Landwirtschaftsbetriebe, die sich offen gegen künstliche Düngemittel aussprachen, irritierten ihn nur. In sicherer Position als Vertreter der Familie, die noch 50% des Firmenkapitals in Händen hielt, konnte es sich der Vorstandsvorsitzende leisten, wie erst kürzlich, Andeutungen zu machen, dass der Verkaufsdirektor bei seinem Alter vielleicht schon etwas überfordert sei. Als Dr. Schuster – der noch nicht einmal seinen 50. Geburtstag gefeiert hatte – in seinem Büro ankam, musste er erst einmal einen Tranquilizer nehmen, um seine Nerven zu beruhigen. Bald fühlte er sich besser, die Umsatzsorgen wurden leichter und auch sein Körpergewicht, so dass er dem nagenden Hungergefühl nachgab und ein paar Bröckchen Schokolade ass, die er heimlich im Schreibtisch versteckt hielt. Gestärkt, entspannt und wieder hoffnungsfroher, liess er sich mit dem Handelsattachee eines armen nordwestafrikanischen Staates telefonisch verbinden und führte mit ihm ein abschliessendes Verkaufsgespräch über die Lieferung von 10 000 Tonnen Düngemittel. Mit der Bezahlung hatte man dort zwar Schwierigkeiten, aber irgendwie würde das schon geregelt. In der Zwischenzeit tat man jedenfalls, was man konnte, um aus dem ausgemergelten Boden noch etwas herauszuholen. Nach vielen Jahren des Monokulturanbaus gab er trotz aller anorganischer Hilfen kaum noch etwas her und wurde bald vom Wind in alle vier Himmelsrichtungen getragen. Dr. Schuster wusste das wohl, aber was blieb ihm übrig? Er musste doch den Erwartungen seiner Vorgesetzten und der Aktionäre gerecht werden und fühlte sich durchaus unterstützt von der Meinung der wissenschaftlich arbeitenden Kollegen drüben in den Entwicklungslaboratorien. Ihre Gleichung ging immer auf – auf der einen Seite stand Bodenergiebigkeit, auf der anderen soundso viele Säcke Stickstoff-, Phosphat- oder Bikarbonatdünger. Fragwürdige Faktoren wie Humus, Bodenstruktur und lokaler Bedarf wurden einfach ausgeklammert. «Go for Growth» – was gleichbedeutend war mit einer Wachstumsgarantie – stand auf den Plastiksäcken der Firma FFC.

Das erfolgreiche Verkaufsgespräch verdient ein bisschen gefeiert zu werden, dachte Dr. Schuster, als er sich anschickte, eine Verabredung in einem der teuersten Restaurants der Stadt einzuhalten. Eigentlich wollte er zu Fuss hingehen, doch nun war es wieder so spät geworden – er musste ein Taxi nehmen. Während er sich hinten auf die Polster fallen liess, sagte er sich, dass er dieses Essen ja nicht zum eigenen Vergnügen eingeplant hatte, sondern um einen wichtigen Vertreter der in Genf beheimateten Organisation «Free Families From Famine» zu bewirten. Man wollte über den Verkauf einer substantiellen Menge DDT in den Orient sprechen. Ärgerlicherweise hatte ein übereifriger Journalist bereits Wind davon bekommen und nichts Eiligeres zu tun gehabt, als in der Zeitung öffentlich darüber nachzudenken, warum man dieses hochgiftige, in den Industrieländern längst verbotene Insektizid an einen harmlos denkenden Vertreter eines fernöstlichen Staates verkaufen wollte. Dr. Schuster fand die in dem Artikel enthaltenen Anschuldigungen geschmacklos und geradezu verletzend. Es war doch die Gesetzgebung des betreffenden Landes, die ihn angeregt hatte,

DDT da anzubieten, wo man nichts gegen seinen Gebrauch einzuwenden hatte. Dr. Schuster hielt sich stets an die Gesetze, es war das oberste Prinzip seiner Moralvorstellung. Als Alternative käme nur die Vernichtung der DDT-Vorräte in Frage, und das wäre ja eine masslose Verschwendung teurer Substanzen, der sich die Firma schuldig machen würde. Da war der Verkauf in den Orient die bessere Lösung, und nachdem nun der Zeitungswirbel um diese Angelegenheit durch andere Schlagzeilen abgelöst worden war, freute sich Dr. Schuster, heute die Einzelheiten des Handels absprechen zu können. Der FFFF-Vertreter war ein lebendes Beispiel für Hungerbewältigung, und sein Engagement auf diesem Gebiet liess ebenfalls vermuten, dass er Gaumenfreude schätzte, besonders wenn es sich dabei um ausgefallene Spezialitäten handelte, frisch aus fernen Ländern eingeflogen. Die beiden Männer liessen es sich wohl sein, sie machten sich gegenseitig Komplimente, und um diese angenehme Stunde noch etwas zu verlängern, bestellte Dr. Schuster zur Abrundung des Mahles Cognac und Zigarren. Die Zeit flog – und obwohl Dr. Schuster sich vorgenommen hatte, einen gesunden Spaziergang am Fluss entlang zum Büro zurück zu machen, musste er einsehen, dass es zu spät war, sich dieses kleine Vergnügen zu gestatten. Schwer atmend liess er sich in das nächste Taxi fallen und seufzte leise über die ständig von ihm geforderte Opferbereitschaft – immer musste er die eigenen Interessen zugunsten der Firma zurückstellen!

Das üppige Mahl hinterliess eine unangenehme Mischung von Magendruck und Müdigkeit, deshalb nahm er vorsichtshalber eine verdauungsfördernde Tablette ein, bevor er sich etwas verspätet zur nächsten Sitzung aufmachte. Diesmal ging es um Umweltschutz. Der Sprecher erregte sich sehr. Öffentliche Beschwerden hatten dazu geführt, dass der Gesellschaft Auflagen erteilt wurden, und nun mussten nicht nur kostspielige Einbauten vorgenommen werden, um die firmeneigenen Abwässer zu entgiften, bevor sie in das öffentliche Netz einflossen, sondern auch um den Kaminrauch zu filtern! Keinen Pfennig mehr würde man dadurch verdienen, schimpfte der Vorstandsvorsitzende später, bevor er sich verabschiedete, um mit seinem Privatflugzeug zum Wochenende in den Süden zu fliegen. Dr. Schuster, von messerstichartigen Schmerzen in der Magengegend gequält, lächelte säuerlich und schlug vor, Steuerermässigungen zu beantragen, da man ja in Zukunft Öffentlichkeitsarbeit leiste, wenn man Wasser und Luft für die Allgemeinheit verbessere. Doch der Public-Relations-Direktor verstand offenbar keinen Spass, denn er entgegnete, das wäre doch nichts anderes, als wolle man einem Mann nur 10 Tropfen Zyanid ins Glas mischen statt 20. Der Vorstandsvorsitzende sah es gern, wenn sich seine Mitarbeiter ereiferten, und er klopfte Dr. Schuster aufmunternd auf die Schulter. Das ermutigte Dr. Schuster, früh nach Hause aufzubrechen. Er warf einen abfälligen Blick auf den Aktenberg auf seinem Schreibtisch und beschloss, heute nicht ein Märtyrer der Firma zu sein – ausserdem konnte er gerade noch dem abendlichen Verkehrsstau entgehen, wenn er sich jetzt auf den Heimweg begab.

Im Auto fiel ihm ein, dass ihn der Chef wegen der Umsatzprognose für die südamerikanische Niederlassung gemahnt hatte – das durchkreuzte seinen Plan, diesen anstrengenden Sitzungstag durch einen ruhigen Abend zu beschliessen. Zu Hause traf er Marie bei schlechter Laune an. Ihr Gewichtsreduktionskursus brachte nicht das erhoffte Ergebnis, ausserdem machte der Wäschetrockner Ärger. Schon wieder! Dr. Schuster hatte solcherlei Klagen schon zum wiederholten Male gehört, und er dachte daran, wie angenehm es früher war, bevor es den Wäschetrockner gab und seine Frau die Wäsche noch im Garten aufhing, wo sie offenbar stets anstandslos getrocknet war. Das Abendessen sei noch nicht fertig, sagte Marie mit einer gewissen Genugtuung, und Dr. Schuster zog sich in sein Arbeitszimmer zurück, um die Umsatzprognose für Südamerika zu konzipieren. Er war gerade dabei, seine Gedanken mit Hilfe eines Whiskys zu sortieren, als seine Tochter eintrat. Luise war ein forsches, junges Mädchen, das sich von niemandem einschüchtern liess, und sie erklärte ihm ohne Umschweife, er solle doch auch eine Patenschaft für ein Kind in Afrika übernehmen. Er müsse nur monatlich einen kleinen Geldbetrag spenden, dann würde ein Waisenkind in Afrika täglich dafür verpflegt und versorgt – ausgerechnet in dem Land, an das er heute vormittag 10 000 Tonnen Düngemittel verkauft hatte! Da es sich um einen geringeren Betrag handelte, als Dr. Schuster wöchentlich für seine Zigarren ausgab, willigte er schnell ein. Die gute Tat hätte sein Gewissen beruhigen können, indessen war es nun aufgewühlt, und er konnte sich nicht mehr auf seinen Bericht konzentrieren. So war er froh, als Marie endlich zum Abendessen rief, zu einem kalorienarmen Mahl, aus Salat und Hagebuttentee bestehend, sorgsam nach diätetischen Prinzipien ausgesucht – nach Dr. Schusters Ansicht allerdings nicht wert, gegessen zu werden. Es bestätigte ihm nur wieder, dass man keine Belohnung für harte und sorgenreiche Arbeit erwarten durfte.

Nach dem Essen, als die Familie das Fernsehgerät einschaltete, liess er sich gern zur Flucht aus der Gegenwart verführen. Ein alter

Film sollte gezeigt werden, er wollte ihn sich ansehen und versprach sich davon Entspannung, danach würde er seinen Bericht über Südamerika um so schneller schreiben können. Doch es dauerte keine 10 Minuten, bis er im Fernsehsessel fest eingeschlafen war. Gegen Mitternacht weckte ihn Marie und riet ihm, ins Bett zu gehen. Er trank ein Glas Milch und nahm vorsichtshalber noch eine Schlaftablette, doch es half nichts – Dr. Schuster lag hellwach in der Dunkelheit und wälzte sich ruhelos im Bett. Er machte sich Sorgen, nicht um die Millionen Kinder in der Welt, die jeden Abend hungrig einschlafen müssen, sondern um die Verkaufsziffern von Herbiziden, Pestiziden und Düngemitteln. Die Hände über seinem breitausladenden Bauch gefaltet, starrte er an die Schlafzimmerdecke, als stünde dort der Slogan «Go for Growth» wie in feurigen Buchstaben geschrieben. Offenbar hatte der weltberühmte Werbespruch seine Wirkung verloren. Der Vorstandsvorsitzende konnte es nicht glauben. Und Dr. Schuster verstand es eigentlich auch nicht.

In den frühen Morgenstunden, als Dr. Schuster im grünen Villenvorort noch in einem bleiernen Schlaf lag, stand in einem Mietshaus an der Ausfallstrasse Liesel schlaftrunken auf und schloss das Fenster. Der Verkehr auf der neuen Autostrasse, die in gleicher Höhe mit den Dächern der Mietshäuser knapp über ihrem Fenster verlief, war unerträglich geworden, und die Abgase füllten schon wieder das ganze Schlafzimmer. Sie blickte auf Peter, ihren Mann, der noch so tief schlief, als wollte er von dieser Welt nichts wissen. Weder Verkehrslärm noch Benzingestank schienen ihn zu stören. Kaum hatte er sich abends hingelegt und das Licht ausgeknipst, und schon schlief er fest wie ein kleines Kind und erwachte erst, wenn sie ihn morgens zum Frühstück weckte. Er war als Packer in der Warenabteilung von FFC angestellt, doch Packen musste man heute nicht mehr. Roboter verrichteten alle Arbeiten automatisch, und Peter musste nur die Augen offen halten und aufpassen, dass alles richtig funktionierte. Für seine Tätigkeit brauchte er weder besondere Kenntnisse noch Fähigkeiten, nicht einmal einen gesunden Menschenverstand, auch körperliche Kräfte waren kaum gefragt. Er stand da und beobachtete stundenlang, wie ein endloser Strom von Plastiksäcken, rote, blaue und manchmal gelbe, an ihm vorbeiwanderten, sich selbsttätig füllen liessen, zugebunden, gewogen und gestapelt wurden. Achteinhalb Stunden pro Tag langweilte er sich und bemühte sich, nicht auf die Uhr zu schauen. Er nahm sich zusammen und versuchte zu raten, wann eine Stunde vergangen sei, um erst dann zu prüfen, ob er recht hatte – aber er riet immer falsch. Wenn er seine Augen nicht mehr beherrschen konnte und fast gegen seinen Willen wieder auf die Uhr schaute, waren nie mehr als 45 Minuten im Schneckentempo vergangen, gleichgültig wie lange er sich zusammengenommen hatte. Peter verbrachte seine Arbeitstage damit, die Zeit totzuschlagen. Das machte ihn sehr unzufrieden.

Liesel hatte es da leichter, bei aller Eintönigkeit enthielt ihr Tageslauf immer wieder Perioden der Betriebsamkeit und Aufgaben, die ihrem Leben einen Sinn gaben. Wie jetzt. Es war halb sechs, und Peter musste um sieben Uhr bei der Arbeit sein. Sie duschte, weckte ihren Mann und ging in die Küche, um das Frühstück zu bereiten. Das war schnell getan: Kaffee in die Maschine, Müsli aus der Packung, Milch und Butter aus dem Kühlschrank, Brot, Käse und Marmelade auf den Tisch – fertig. Als Peter gegen sechs Uhr in die Küche kam, schaltete sie das Radio ein und setzte sich zu ihm. Es gab nicht viel zu reden am Frühstückstisch, der Gedanke an den langen, eintönigen Arbeitstag umwölkte Peters Gemüt jeden Morgen aufs neue, da wollte Liesel ihn nicht durch belangloses Geplauder reizen. Peter ass langsam. Wenn er etwas Bestimmtes zu tun hatte, dehnte er es so lange aus, wie es nur ging. Deshalb machte er sich auch schon um halb sieben mit seinem Fahrrad auf den Weg, obwohl der nur einen Kilometer lang war. Unterwegs hielt er an, um sich eine Tageszeitung und Zigaretten zu kaufen, und auf diese Weise füllte er ganze 30 Minuten des Tages aus.

Liesel winkte ihm vom Balkon aus nach, dann legte sie sich noch einmal für eine halbe Stunde hin. Bis sieben Uhr hatte sie Zeit, dann musste sie die Kinder wecken und zur Schule schicken. Im Gegensatz zu Peter beeilte sich Liesel stets bei ihren Arbeiten. Sie verrichtete alles gezielt und flink, doch dann lief sie bald ruhelos durch die Wohnung und suchte nach der nächsten Aufgabe. So gut sie es sich leisten konnte, hatte sie ihren Haushalt modern und arbeitssparend eingerichtet. In ihrer kleinen Küche fanden sich fast alle Elektrogeräte, deren Sinn und Nutzen in den bunten Anzeigen der Illustrierten angepriesen wird. Bedauerlicherweise fehlte ihr noch ein Wäschetrockner, für den sie in der kleinen Wohnung einfach keinen Stellplatz fand. Jedesmal, wenn sie ihre Wäsche auf den Balkon hängte, bedauerte sie es und ärgerte sich, wenn sie die Wäsche wieder hereinnahm und die Schmutzflecken sah, die durch den Strassenstaub verursacht waren. Je mehr arbeitssparende Geräte Liesel erwarb, um so heftiger sträubte sie sich, einfache Arbeiten noch nach herkömmlicher Art zu verrichten. Als der elektrische

Eierkocher kaputtging, kochte sie einfach keine Eier mehr, bis er repariert war.

Um sieben Uhr weckte sie die Jungen. Friedel war sechs Jahre alt, Jürg acht, da musste man noch aufpassen, dass sie nicht herumtrödelten. Liesel frühstückte mit den Kindern, dann begleitete sie die beiden zur Schule. Auf dem Rückweg kaufte sie im Supermarkt ein. Der Gefrierschrank gestattete es, für mehrere Tage im voraus zu planen und Sonderangebote auszunutzen. Wenn sie später den Einkaufskorb ausgepackt und das Frühstücksgeschirr in den Geschirrspüler gestapelt hatte, in der Wohnung Staub gesaugt und aufgeräumt hatte, blieb Liesel nicht mehr viel zu tun übrig. Es war erst 10 Uhr, und ein langer Vormittag lag noch vor ihr, bis die Kinder nachmittags von der Schule zurückkamen. Die Jungen waren noch zu klein, als dass sie eine Arbeitsstelle ausserhalb hätte annehmen können. Die Hausarbeit allein füllte sie jedoch nicht aus, weil sie umsichtig und schnell arbeitete und sich die Zeit gut einteilen konnte. Hobbies hatte sie keine, obwohl sie Pullover auf der Maschine strickte und auch Kleidung und Vorhänge auf der Nähmaschine nähte. Das sparte viel Geld, aber es waren keine Tätigkeiten, die sie lange in Anspruch nahmen. Auch am Kochen hatte sie keinen Spass. Mahlzeiten zu bereiten, bedeutete für sie meistens nur, ein paar Fertigpackungen zu öffnen und heiss zu machen. Alle übrigen Haushaltsaufgaben gingen ihr mit Hilfe der modernen Geräte ebensorasch von der Hand. Liesel machte sich eine Tasse Instantkaffee und dachte, heute könnte sie eigentlich wieder ihre Mutter besuchen.

Liesel liebte ihre Mutter, aber sie hielt sie für hoffnungslos altmodisch, und ihren Vater, der noch als Schreiner arbeitete, erst recht. Die älteren Leute hatten ein kleines Laubengärtchen am Stadtrand, und dort züchteten sie Gemüse und Blumen. Liesels Mutter schien ständig damit beschäftigt zu sein, Marmelade, Kirschen oder Tomaten einzukochen. Sie backte sogar noch ihr eigens Brot, was Liesel überhaupt nicht verstehen konnte – so viel Mühe für zwei alte Leute! Natürlich hatte Liesel das auch von ihrer Mutter gelernt, aber heutzutage, wo man alles, was man brauchte, zu jeder Jahreszeit im Supermarkt kaufen konnte – vieles davon sogar in hübschen Verpackungen mit der Aufschrift «... nach Grossmutters Rezept» oder «... wie hausgemacht» –, da brauchte man sich doch nicht stundenlang in die Küche zu stellen und alles selber zu machen! Als sich Liesel von zu Hause getrennt und Peter geheiratet hatte, hörte sie auf mit dem Marmeladekochen und Brotbacken. Damals arbeitete sie noch täglich in einem Warenhaus, und es blieb ihr nicht viel Zeit für den Haushalt, ausserdem hatten sie nur eine winzige Küche in ihrer ersten Wohnung, wo ohnehin kaum Platz zum Kochen war. Deshalb gingen sie damals oft zum Essen aus, und als später die Kinder kamen, war Liesel längst vom Segen der Fertiggerichte überzeugt.

Liesel traf ihre Mutter gerade beim Pflaumenentkernen, und so setzte sie sich zu ihr an den Küchentisch und half dabei. Aber die sich ständig wiederholenden Handgriffe langweilten sie bald. Missmutig blickte sie auf den riesigen Pflaumenberg, der noch bewältigt werden sollte und selbst nach zwanzig Minuten kaum kleiner geworden zu sein schien. Was für eine scheusslich lange Arbeit, meinte sie und fragte, warum sich Mutter so viel Mühe machte, es gäbe doch Pflaumenmus zu kaufen. Aber für eine Frau, die ihr Lebtag nur selbstgekochte Marmelade gegessen hatte, war das eine törichte Frage. Das Zeug vom Supermarkt schmecke doch nicht, und ausserdem wüsste man gar nicht, was da alles drin sei. So war es immer, wenn Liesel ihrer Mutter vorwarf, sie würde sich zuviel Arbeit machen, stets antwortete sie, Gesundheit finge damit an, was man esse! Und ausserdem hätte sie Spass daran, aus ihren Gartenfrüchten das Allerbeste zu machen. Das bedeutete zwar etwas Arbeit, und natürlich sei sie abends müde, doch wenn sie dann zu Bett ginge, hätte sie das Gefühl, etwas Sinnvolles getan zu haben, was auch noch Geld gespart hätte – das machte sie zufrieden und glücklich. Geduldig fuhr die ältere Frau fort, Pflaume um Pflaume zu entsteinen, und nach einem Weilchen sprang etwas von ihrem Eifer auf Liesel über, so dass es dann gar nicht mehr lange dauerte, bis die Arbeit getan war und Mutter zum Mittagessen bat. Inzwischen war eine Gemüsesuppe aus frischen Zutaten auf kleiner Herdflamme gegart und hatte ihr Aroma im ganzen Raum verbreitet und damit Liesels Appetit angeregt. Sie war zu gleicher Zeit fertig wie sie selbst mit dem Pflaumenentsteinen – also 7 Minuten eher, als eine Suppe aus der Instantpackung. Dazu ohne Klümpchen und Stärkegeschmack, würzig und sehr pikant abgeschmeckt – wie gut – eine echte Belohnung für das Pflaumenentsteinen, lobte Liesel. Für einige Augenblicke schien sie etwas von Mutters merkwürdiger Lebenseinstellung zu begreifen, die offenbar zu einer gewissen Lebensqualität führte, die sie selbst noch vermisste. Wenn ihr das alles bloss nicht so schrecklich altmodisch vorgekommen wäre! Man musste doch mit der Zeit gehen – es gab doch alles im Supermarkt –, ihre Freundin würde sie auslachen, wenn sie sich soviel Arbeit wie Mutter machen würde.

Nach dem Mittagessen brach Liesel auf, um rechtzeitig zu Hause zu sein, wenn die Kinder aus der Schule kamen. Ihre Mutter begleitete sie ein Stück des Weges, es war der Nachmittag, an dem die ältere Frau regelmässig in einem Dritte-Welt-Laden aushalf. Dieser Laden gab Liesel ein weiteres Rätsel auf, denn ihrer Ansicht nach liess er die Hygiene der Supermärkte und Kaufhäuser vermissen und war mit einem eigenartigen Durcheinander von fremdländischen Artikeln gefüllt: Jutetaschen aus Bangladesh, Honig aus Mexiko, Kerzen aus Kamerun, Ponchos aus Peru, Kaffee aus Tansania und Tee aus Sri Lanka. Wenn sich Liesel auch ganz gern manches dort ausgesucht hätte, so konnte sie sich doch im entscheidenden Moment nie dazu aufraffen, den weiten Weg bis zum Dritte-Welt-Laden zu machen, wenn sie etwas brauchte, was es auch dort gab. In der Nachbarschaft kaufte es sich schneller ein, obgleich sie sah, dass manche massengefertigten Artikel nur ärmliche Imitationen der handgefertigten Sachen waren, die ihr die Mutter manchmal aus dem Dritte-Welt-Laden mitbrachte. Liesel war durch die bequemen Einkaufsmöglichkeiten verwöhnt, ihr Gaumen war dabei abgestumpft und ihr Geschmack unpersönlich geworden. Sie merkte zwar noch den Unterschied zu echter Qualität, wenn sie ihr geboten wurde, aber ihr Hang zur Bequemlichkeit hinderte sie, sich selbst um etwas Besseres als das Durchschnittliche zu bemühen.

Das Schönste am Alltag waren für Liesel die Nachmittage, wenn Friedel und Jürg aus der Schule nach Hause kamen und sie sich ihnen ganz widmen konnte. Dann vergass sie ihre Unzufriedenheit, denn es machte sie glücklich, mit den Kindern zu spielen und sich ihren kindlichen Phantasien vorbehaltlos anzuschliessen oder im Park zu sitzen und sie zu beobachten. Viel zu schnell kam dann Peter nach Hause, und die Buben stürzten sich auf ihn. Denn für Peter, der den ganzen Tag über nur nach der Zeit guckte, begann der eigentliche Tag erst, wenn er die Zeit seinen Söhnen schenken durfte. Es ging ihm wie Liesel, durch seine beiden Kinder bekam sein Leben erst einen Sinn, und er konnte sich sehr aufregen und wütend werden, wenn seine Schwiegermutter der heranwachsenden Generation eine düstere, ja gefährliche Zukunft voraussagte. Die Schadstoffe von der Fabrik, in der er arbeitete, würden die Fische töten, nicht nur hier im Fluss, sondern auch weit draussen im Meer. Der Rauch aus den Schornsteinen der gleichen Fabrik und die Abgase der unzähligen Autos, die am Wohnzimmerfenster vorbeirasten, liessen die Wälder in der Umgebung sterben. Peter konnte das nicht glauben, er wollte es auch nicht glauben. Er hatte noch keine toten Fische im Fluss gesehen, und wenn er an den Wochenenden mit der Familie in den Wald fuhr, konnte er keinen Unterschied zu dem Wald feststellen, in dem er als Kind umhergetollt war. Sollte er sich wegen der Rauchfahne auf dem Fabrikschornstein aufregen, wenn er in dem Gebäude einen sicheren Arbeitsplatz hatte, auch wenn er sich dort langweilte? Sollte er sich den Kopf zerbrechen über künftige Generationen von Fisch Tausende Kilometer entfernt weit draussen im Meer? Sollte er gar sein geliebtes Auto aufgeben? Dafür hatte er jahrelang gearbeitet und gespart – es war die Belohnung für den täglichen Stumpfsinn, mit dem er sein Geld verdiente. Sein Auto kompensierte für eine seelenlose, entwürdigende Arbeitswelt, es erhob ihn auf eine Ebene mit seinen Mitbürgern. Liesels Mutter hatte kein Recht, so vorwurfsvoll zu reden – er, Peter, hatte doch nicht mehr Schuld an den Zuständen auf dieser Erde als alle anderen auch. Sie durfte die Zukunft seiner Kinder nicht so schwarz ausmalen – sollte das Leben auf diesem Planeten einmal wirklich nicht mehr lebenswert sein, dann würde das Millionen von anderen Menschen genauso treffen – und das konnte er sich nicht vorstellen.

Unwillkürlich empfand er jedoch eine wachsende Sorge um seine beiden Buben, wenn er auch nicht wahrhaben wollte, dass ihre Zukunft bedroht wäre, dass das Fettpolster in ihren rundlichen kleinen Körpern Gift speichern könnte, dass die Luft, die sie einatmeten, mehr und mehr Schadstoffe enthielt, dass Ziegelsteine und Mörtel und Zement unbarmherzig die Grünflächen um sie herum auffrassen und dass Tiere und Vögel von dieser Erde verdrängt wurden. Er sah nichts von dem, was seine Schwiegermutter ihm ständig vorhielt und wie ein Menetekel an die Wand malte – und deshalb war es ihm auch lieber, wenn er sie nicht so oft sah. Friedel und Jürg liebten ihre Grossmutter ganz offensichtlich, und Peter gab ja auch zu, dass sie eine ausgezeichnete Köchin war, doch sollte sie ihren Pessimismus für sich behalten und ihnen nicht die Lebensfreude verderben.

Nach dem gemeinsamen Abendessen mussten die Kinder bald schlafen gehen, und dann war der Tag eigentlich auch für Liesel und Peter vorüber. Es blieb nur noch das Fernsehen. Wenn ihnen das Programm auf den verschiedenen Kanälen nicht gefiel, sahen sie sich einen Videofilm an. Peter legte die Beine hoch, rauchte und trank noch ein Bier; Liesel strickte, und so gingen die letzten Abendstunden vorbei, friedlich, eintönig und unergiebig. Viel später, als Peter im Schlaf vor sich hinmurmelte und von einer Million nicht zu bändigender Plastiksäcke träumte, die aus dem Lagerraum ausbrachen und auf die Strasse drängten, da lag Liesel noch wach. Ihre

Blicke verfolgten die Scheinwerferstrahlen der vorbeifahrenden Autos, wie sie über die Schlafzimmerdecke wanderten, und sie dachte an Peters Bemerkung, bevor er sich hingelegt hatte: «Nun gut – wieder ein Tag vorbei!» Sie stand noch einmal auf, um das Fenster zu öffnen, nachdem sich der Verkehr beruhigt hatte und die Luft draussen etwas frischer geworden war, und dabei dachte sie, das kann doch nicht der ganze Lebensinhalt sein!

50 Kilometer weiter, in der frischeren Luft, in der ihr Bergbauernhof lag, schliefen Matthias Landmann und seine Frau Gret tief und fest, bis morgens der Wecker klingelte. Sie waren den ganzen Tag über auf den Beinen, 16 Stunden im Sommer, und wenn sie endlich ins Bett kamen, waren sie zu müde, um wach zu liegen und über die Zukunft zu grübeln. Ihre Zukunft lag nicht ferner als die nächste Ernte. Sie hatten einen 50 Hektar grossen Hof zu bewirtschaften, hielten dreissig Milchkühe und ausserdem noch Schafe, und ohne die Hilfe ihres erwachsenen Sohnes Ernst wäre die Arbeit kaum zu schaffen gewesen.

Bei ihnen begann der Tag um fünf Uhr früh. Sie sassen bereits bei offenem Fenster am Küchentisch und tranken eine Tasse Tee, als sich Dr. Schuster in seinem Bett im beheizten Schlafzimmer noch einmal umdrehte und in einen unruhigen Schlaf fiel. Das Geläut der Kuhglocken verriet, dass die Kühe bereits am Gatter standen und darauf warteten, gemolken zu werden. Als Ernst das Tor öffnete, merkte Matthias, dass zwei von ihnen brünstig waren. Wie ärgerlich! Er hatte gehofft, dass der zweite Versuch der künstlichen Besamung neulich erfolgreich gewesen wäre. In den letzten ein bis zwei Jahren häuften sich die Misserfolge beim Besamen, dann wurden die Kühe nicht zum einkalkulierten Zeitpunkt trächtig, das Kalben verschob sich, und dadurch kam seine ganze Milchwirtschaftsplanung durcheinander. Ernst, der eine gute Schulbildung genossen hatte und an den langen Winterabenden Bücher las, sagte, das käme vom vielen Kunstdünger auf den Wiesen. Die anorganischen Salze aus den Düngemitteln fänden sich im Heu wieder und hemmten die Fruchtbarkeit der Kühe, erklärte er mit der Selbstsicherheit der Jugend. Matthias lachte ihn aus. Kunstdünger hatte sein Land ertragreich und ihn wohlhabend gemacht. Er kaufte ihn lastwagenweise von FCC, da wusste man, was man hatte. Wenn er Gerste säte, mischte er per Hektar 400 kg Kunstdünger aus den gelben Plastiksäcken in den Boden; für Kartoffeln nahm er 500 kg pro Hektar aus den blauen Säcken. Es gab grüne für die Wiesen und rote für die Maisfelder. Auf allen Säcken stand vielversprechend:

«Go for Growth – für besseres Wachstum», und so war es auch. Ganz einfach. Seit Jahren hatte er das beobachtet, das Ergebnis war immer gleich gut gewesen. Auch bei den Unkrautvertilgungsmitteln konnte man sich auf FCC verlassen. Ernst hatte gut reden, er musste noch keinen einzigen Tag in seinem Leben mit der Hacke in der Hand gebückt im Kartoffelfeld zubringen. Matthias erinnerte sich noch gut daran, wie sie sich vor 40 Jahren abgequält hatten, um das Unkraut auf dem Acker in Schach zu halten, und wie mühsam das war, wenn die Wurzeln mit dem Lehmboden verwachsen zu sein schienen. Mit den chemischen Spritzmitteln heutzutage brauchte man nur einmal über das Feld zu fahren, und an einem Nachmittag war alles erledigt. Auf Ernsts Einwände, dass die Rückstände der Chemikalien im Futter zurückblieben und schliesslich mehr Schaden als Nutzen brächten, hatte Matthias immer die gleiche Antwort: Die Mittel von FCC gehen nur an das Unkraut – selektiv! Ein weltbekannter Konzern wie FCC könnte es sich gar nicht leisten, schädliche Mittel zu verkaufen. Es arbeiten dort Hunderte von Wissenschaftlern, die die Produkte auf eigenen Versuchsböden ausprobieren und ihre Zusammensetzung überwachen. Unter dem Aufdruck «Go for Growth – für besseres Wachstum» steht in kleinerer Schrift gedruckt, was jeder Sack enthält, und dass die Anwendung der Chemikalien unschädlich sei, wenn man sich genau an die Gebrauchsanweisung halte. Matthias glaubte das.

Als er an diesem Morgen seine Kühe an die Melkmaschine anschloss, befiel ihn dennoch – wider sein besseres Wissen – ein leiser Zweifel. Früher hatte es nie mit den Kühen Schwierigkeiten gegeben, sie waren stets zur geplanten Zeit trächtig geworden – früher war allerdings auch vor der Zeit der künstlichen Besamung, als er sich noch einen Bullen hielt, und der Bulle wusste immer ganz genau, wann ihn die Kuh erwartete. Vermutlich lag es an ihm selbst, er hatte die Anzeichen bei den Kühen nicht richtig eingeschätzt und den Tierarzt zum falschen Zeitpunkt gerufen. Matthias schüttelte den Kopf und lachte im stillen. Nein, auf Ernsts Reden brauchte er wohl doch nichts zu geben – der zitierte doch aus Büchern, die von reinen Theoretikern geschrieben waren, von Männern, die selbst nie in der Landwirtschaft gearbeitet hatten. Theorie und Praxis kommen oft zu unterschiedlichen Ergebnissen – da waren die Leute von FCC der Praxis doch wohl näher.

Nach dem Frühstück fuhr Matthias mit dem Traktor auf die obere Wiese. Den Weg dahin kannte er im Schlaf, so oft war er schon dort hinauf gefahren oder gelaufen. Früher ist er gern gelaufen, aber heute, nachdem sein Anwesen so gewachsen war, blieb ihm kaum mehr Zeit zum Gehen. Er dachte, wie hübsch es früher ausgesehen hatte, als noch die wilden Blumen an den Feldrainen standen – jetzt waren sie fast überall verschwunden, abgetötet durch die Vertilgungsmittel, mit denen man immer wieder versuchte, den Ampfer auf den Wiesen zu beherrschen. Matthias tat es leid um die Blumen, aber alles hat seinen Preis, dachte er bei sich, die modernen Landbestellungsmethoden haben natürlich auch Nachteile. Als er noch Kind war, gab es auch Ampferstauden auf den Wiesen, aber nur hier und da. Sie wurden regelmässig herausgehackt oder auch ausgegraben, wenn es sich um eine grosse Pflanze handelte, die den Boden uneben machte. Das war noch, bevor es die Kreiseleggen gab – auch so eine zweischneidige Erfindung, diese Maschine. Zuerst sah man nur ihren Nutzen, aber sie ist zweifellos dafür verantwortlich, dass sich das Ampferkraut inzwischen überall ausgebreitet hat. Beim Pflügen, wenn die Erde aufgerissen wird, kommen die Ampferwurzeln mit an die Oberfläche. Die schwere Kreiselegge, die meist dem Pflug folgt, bricht dann nicht nur die Erdschollen in kleine Teilchen, um das Saatbeet vorzubereiten, sondern sie zerschneidet auch die Ampferwurzeln in viele kleine Stücke, und aus jedem Wurzelstückchen wächst eine neue kräftige Pflanze. Natürlich besprüht Matthias seine Wiesen mit Herbiziden, aber die Unkrautbekämpfung gelingt nur bei den kleineren Pflanzen, die grossen, deren Wurzeln sich mindestens 40 cm tief in den Boden bohren, leiden nur an der Oberfläche, ihre Wurzeln bleiben heil und warten nur darauf, beim nächstenmal vom Pflug an die Oberfläche gebracht zu werden, und wenn dann die scharfe Scheibe der Kreiselegge kommt, werden daraus lauter kleine Stückchen, die in alle Richtungen fliegen... Matthias hielt den Traktor am Feldrand an und schaute zurück bis zu seinem Hof, auf dem er mit Gret nun schon seit vielen Jahren gemeinsam arbeitete. Im Morgensonnenschein sah das bestellte Land gepflegt und fruchtbar aus, er durfte stolz darauf sein – doch zum erstenmal fragte sich Matthias ernsthaft, ob die modernen landwirtschaftlichen Methoden wirklich nur Segen brachten? Bei einem gemischten Betrieb wie bei seinem dauerte es vielleicht mehrere Jahre, bis sich die Nachteile der Chemikalien im Boden bemerkbar machten, während bessere Ernten und höhere Milchproduktion als offensichtliche Vorteile sehr schnell zu Buche schlugen. In jedem Fall wäre es falsch gedacht, wenn man von Jahr zu Jahr nur höhere Erträge erwirtschaften wollte – ein Bauernhof ist schliesslich keine Fabrik... Aber es wäre schön, wenn es wieder Blumen an den Feldwegen gäbe.

Zum Mittagessen stellte Gret eine Schüssel mit neuen Kartoffeln auf den Tisch. Es war die erste Kostprobe der diesjährigen Ernte. Gret hatte heute früh einen Korb voll davon ausgegraben, um Matthias eine Freude zu machen. Er konnte es kaum erwarten, sie zu probieren, denn es handelte sich um eine neue Sorte aus Holland, die wegen ihrer einheitlichen Knollengrösse, der ovalen Form und der geringen Anzahl Augen unter der Schale gezüchtet worden war. Die Landmanns hatten fünf Hektar davon angepflanzt, um die Ernte an den Supermarkt zu verkaufen. Wirklich, wie Bilderbuchkartoffeln sahen sie aus, meinte Matthias, so appetitlich, und er griff erwartungsvoll in die dampfende Schüssel und bediente sich. Er zerkleinerte eine Kartoffel auf seinem Teller und kostete – da spiegelte sich Enttäuschung auf seinem Gesicht. Der volle, erdige Geschmack, auf den er sich gefreut hatte, fehlte. Es stimmte, die Kartoffel war oval und hatte eine mehlige Konsistenz, auch eine gute Färbung, aber sie schmeckte einfach fade, nach gar nichts. Dabei war diese neue holländische Sorte in der landwirtschaftlichen Wochenzeitschrift so gelobt worden, immer wieder las man davon, und es hiess, sie würde besonders gut nach kräftiger Bodendüngung gedeihen. Eigentlich trug sie auch alle versprochenen Merkmale – Matthias durfte sich gar nicht beklagen, denn über den Geschmack war ja in der Anzeige kein Wort gesagt worden. Ernst bemerkte zynisch, dass die Leute, die ihre Kartoffeln im Supermarkt kaufen, ohnehin gar nicht mehr wissen, wie eine gute Kartoffel zu schmecken hat, und da Matthias die gesamte Ernte vertragsgemäss schon an den Supermarkt verkauft habe, könne ihm gar kein Verlust mehr entstehen. Dennoch war Matthias betroffen und überlegte – für seinen eigenen Tisch wollte er die Kartoffeln in diesem Jahr lieber vom Nachbarn kaufen, der die alterprobten Sorten anbaute und seinen Boden mit Kompostmist düngte. Ernst hörte seinem Vater zu und sagte, es gäbe eine einfache Erklärung für diesen Reinfall: Die Kartoffeln werden durch die chemische Düngung besonders angeregt, Wasser zu absorbieren, und dadurch erhalten sie ihr gleichförmiges und ebenmässiges Aussehen. Es sei keine besondere Kartoffel, die man da gezüchtet habe, sondern nur eine besonders wasserreiche. Aber da die meisten Supermarktkunden äusserlich schöne Ware mit Qualität gleichsetzen, werden sich diese Bilderbuchkartoffeln, schön säuberlich in durchsichtigen Plastiktüten abgepackt, bestimmt schnell verkaufen.

Matthias ass missmutig sein Mittagsmahl und dachte im stillen, dass der Junge sicher nicht unrecht hatte.

Am Nachmittag schlossen sie den Rotor an den Traktor, um Mais für Silage aufzubereiten. Die diesjährige Ernte war ausgezeichnet, grosse, volle Maiskolben wurden da in den Trichter hochgesaugt, um zerkleinert zu werden. Im nächsten Jahr würden sie gewiss gut über die Runden kommen und reichlich Winterfutter für das Vieh haben, bemerkte Matthias zufrieden. Aber Ernst war wieder skeptisch. Maiskolben, die mit Hilfe von FCC-Dünger aus den roten Plastiksäcken hochgepäppelt wurden, enthielten nicht mehr Nährstoffe als kleinere Kolben, die auf kompostgedüngtem Boden wachsen, sagte er. Es sei das gleiche Prinzip wie bei den Kartoffeln – Quantität ist eben nicht gleich Qualität, und um die gewünschte Milchmenge zu erhalten, würden sie vermutlich wieder Kraftfutter für die Kühe dazukaufen müssen. Gret, die die Bücher führte, hatte Matthias bereits darauf aufmerksam gemacht, dass sie von Jahr zu Jahr mehr Kraftfutter für die Kühe bestellten, aber im Zuge des allgemeinen Wohlstands hatte sich Matthias noch keine Gedanken darüber gemacht, er verdiente gut, da brauchte man nicht kleinlich zu sein. Er sagte zu Ernst, dass sie ihren Kompostmist ja auch dem Boden zuführten, die von FCC gekauften Düngemittel seien nur noch eine Zugabe und verbesserten das Ernteergebnis. Während sie den Rotor erneut um das Maisfeld zogen, griff Ernst das Thema wieder auf und gab freimütig zu, dass sie ohne synthetische Düngemittel zwar geringere Erntemengen einfahren würden, aber bei ausschliesslicher Kompostdüngung wäre der Nährwert des Futters höher, und es wäre auch nicht so anfällig für Pilzbefall. Man hätte sich dann die teuren Mittel, die sie neulich gegen Fäulnis und Verrottung gesprüht hatten, sparen können. Matthias nahm sich vor, noch an diesem Abend die Rechnungen der letzten Jahre für chemische Düngemittel zu vergleichen. Er wusste, sie waren hoch und wurden mit jedem Jahr höher, da die natürliche Triebkraft des Bodens abnahm – das war die Kehrseite des Fortschritts, dachte er, im 20. Jahrhundert kann man die Landwirtschaft nicht mehr so betreiben wie im 19. Jahrhundert. Bisher hatte er es gescheut, sich ernsthaft mit diesem Problem auseinanderzusetzen und eigene Überlegungen anzustellen – jetzt wollte er es nicht mehr aufschieben.

Als später der Tierarzt kam, um die beiden Kühe zu besamen, erwähnte Matthias seine Gedanken, die er morgens im Zusammenhang mit der Fruchtbarkeit seiner Kühe gehabt hatte. Er zögerte zuerst, das Thema anzuschneiden, weil er fest annahm, der Tierarzt sei auch ein moderner Mann, der jeden Fortschritt begrüsste. Doch der Veterinär stimmte ihm vorbehaltlos zu und meinte, er sei überzeugt davon, dass die Empfängnisbereitschaft der Tiere auch von den Nährstoffen abhing, die sie zu sich nehmen, und somit würde der Boden, auf dem die Kühe weiden, eine grosse Rolle spielen. Er hätte längst bemerkt, dass er nicht so oft zu den sogenannten Bio-Höfen gerufen würde, um die dortigen Kühe ein zweites- oder gar drittesmal zu besamen, es klappte meist beim erstenmal. Nach dem Abendessen bat Matthias seine Frau um die Abrechnungsbücher und stellte erstaunt fest, wie hoch die Summen geworden waren, die er jährlich für Kunstdünger, Unkrautvertilgungsmittel und Pestizide ausgab. Vor dem Einschlafen beschloss Matthias, in den kommenden Wintermonaten in Ernsts Bücher über biologisch-landwirtschaftliche Wirtschaftsmethoden hineinzuschauen. Nächstes Jahr müssen wir wieder richtig gut schmeckende Kartoffeln haben, dachte er.

Die Vergewaltigung der Erde

Es ist kaum zu glauben, dass man Geschichten wie diese über Dr. Schuster, Liesel Freimüller und über die Familie Landmann noch vor einer Generation nicht erzählt hätte. Probleme wie die ihren kannte man damals noch kaum. Wenn die Personen und ihre Schicksale auch frei erfunden sind, so sind die geschilderten Situationen doch aus unserem heutigen Leben gegriffen, obwohl viele von uns schon etwas klüger geworden sind. Welcher vernünftig denkende Mensch möchte zum Beispiel in Dr. Schusters Schuhen stecken? Bei seiner Genusssucht und dem Hang zu ausgiebigen Tafelfreuden in teuren Restaurants – noch dazu bei chronischem Bewegungsmangel – wird er seine hinderliche Körperfülle kaum los werden, sie wird ihn bald zu einem kranken Mann machen. Der Beruf diktiert ihm seine Lebensweise, und er kann das eine ohne das andere nicht ohne weiteres ändern, er sitzt wie in einer Falle gefangen. Andauernder Stress und die Angst, beim ersten Nachlassen seiner Kräfte von einem jüngeren, fähigeren Mann von der Erfolgsleiter gestossen zu werden, machen ihn nervös, so dass er immer häufiger zu einem heimlichen Whisky in seinem Arbeitszimmer greift, Cognac und Zigarren nach dem Essen braucht, sich mit schwarzem Kaffee aufputscht und alle möglichen Tabletten schluckt. Einen Dr. Schuster wird heute niemand mehr beneiden, doch noch vor dreissig Jahren hätte man ihn gar nicht so porträtiert. Damals wäre sein dicker Bauch eher als Massstab für den Wohlstand und die Zufriedenheit eines Herrn in der beneidenswerten Position eines Industriedirektors gewertet worden. Jet-lag kannte man auch nicht, dafür dreitägige, meist erholsame Reisen über den Atlantik in der ersten Klasse eines Luxusdampfers. Weltkonzerne wie FCC registrierten Jahr für Jahr steigende Umsätze, während die todbringende Wirkung ihrer neuentwickelten Produkte noch unbekannt war. Grosse Firmen wie diese waren gesuchte Arbeitgeber, sie galten als Wohltäter, die soziale Sicherheit und breitgestreute Anteile an Wachstum und Wohlstand versprachen. Niemanden wäre es eingefallen, mit dem Finger auf sie zu zeigen und sie als

Giftmischer zu bezichtigen. Das beste, weltweit bekannte Insektizid hiess DDT. Es war überall als ein wahrer Segen begrüsst worden, und man benutzte es kritiklos und verstreute es im wahrsten Sinne des Wortes über die ganze Erde. Ein nicht unbedeutender Gewinnanteil, den Firmen wie FCC verbuchen konnten, stammte aus dem Verkauf von DDT, und mit ihm wurde die Forschung nach weiteren, noch tödlicheren Giften finanziert. Damals hätte sich niemand vorstellen können, dass DDT einmal als menschengefährdendes Gift in der westlichen Welt aus dem Handel gezogen würde.

Während des Wirtschaftsbooms der Nachkriegsjahre ist ein Dr. Schuster nicht in die Verlegenheit gekommen, dem Vorstand eine Erklärung für fallende Umsätze abgeben zu müssen. Damals plante man nur Produktionserhöhungen, um der anhaltenden Nachfrage auf den sich ausweitenden Märkten im In- und Ausland und in den nur langsam erwachenden Kolonialstaaten begegnen zu können. Die morgendliche Fahrt zum Büro bedeutete für einen Dr. Schuster oder seinen Chauffeur keine Nervenstrapaze, es gab ja noch nicht so viele Autos auf den Strassen. Ein Privatwagen galt noch als Privileg der Reichen, und die Mehrzahl der Menschen benutzte selbstverständlich die öffentlichen Verkehrsmittel. Ein Lagerarbeiter wie Peter Freimüller hatte bestimmt noch kein Auto. Sein Arbeitstag war ermüdender gewesen als heute, aber vermutlich auch abwechslungsreicher, wenn nicht sogar befriedigender. Vor dem Automatisierungsprozess musste sich ein Mann wie Peter noch selbst ausdenken, wie er Chemikaliensäcke am rationellsten wiegen und stapeln konnte. Vermutlich verstand er es noch, einen festen, unlösbaren Knoten zu binden oder Artikelnummern zu stanzen, ohne Material zu verschwenden. Er brauchte nicht nur die Hände für seine Arbeit, sondern auch seinen Kopf, und er hatte gar keine Zeit, ständig auf die Uhr zu schauen. Seine Lohntüte war allerdings auch noch leichter gewesen, und er konnte Liesel nicht so viel Haushaltsgeld geben wie der Peter von heute. Supermärkte und Fertiggerichte waren noch Zukunftsträume, und Liesel musste sich anstrengen und selbst erfinderisch sein, um täglich den Tisch etwas abwechslungsreich zu decken. Selbst wenn ihr das Kochen und Wirtschaften keinen besonderen Spass machte, musste sie fleissig sein und hatte wenig Zeit zum Grübeln, und früher oder später gereichten ihr die Erfolgserlebnisse in ihrer Küche meist doch zum Lob und zur persönlichen Befriedigung. Die Liesel von damals erinnerte sich wahrscheinlich ganz gern an die Tips zur Haushaltsführung, die sie einmal von ihrer Mutter bekommen hatte, und fragte sie vielleicht auch noch ab und zu um einen Ratschlag, statt sie nur als hoffnungslos altmodisch zu tolerieren. Liesels Mutter ihrerseits hatte weniger Gründe, um die Zukunft ihrer Enkel zu bangen. Es ist wahr, die Welt im allgemeinen und besonders die dichtbevölkerten Länder Westeuropas wurden bereits in zunehmendem Mass verseucht, aber dramatische Vorkommnisse waren noch nicht bekanntgeworden. Die meisten Menschen verbanden mit dem Wort Atomkraft die Bilder, die sich eingeprägt hatten nach dem Bombenabwurf in Hiroshima, diesem letzten unverzeihlichen Kriegsentscheid müder alliierter Führer. Atomkraft als Energiequelle war ein Gedanke der Zukunft. Unfälle wie der auf Three Mile Island in den USA oder das Einsickern von Atommüll in die Irische See bei Windscale in England waren unvorstellbar. Und was die Dritte-Welt-Läden angeht, die heute an so vielen Orten unsere Selbstsucht anklagen und uns daran gemahnen, dass noch irgendwo auf dieser Erde Millionen von Menschen nicht einmal die selbstverständlichsten Notwendigkeiten zum Leben haben, da heisst die Antwort, dass es vor 1960 noch keine Dritte Welt gab. Es gab die grosse, blühende Nachkriegs-Kapitalistenwelt, aus der viele Menschen über die früheren Grenzen hinweg nach Südafrika und Australien auswanderten, dorthin wo die Ureinwohner bereits in die Enge getrieben waren und ohne eigene Rechte lebten. Es gab die kommunistischen Blockländer unter sowjetrussischer Führung mit einer fremden Ideologie, aber mit einer ähnlichen materialistischen Ausdehnungsgier. Japan musste schliesslich wieder anerkannt werden, weil es der westlichen Welt ernsthaft Konkurrenz bot bei ihrem Spiel um Umsatz und Marktanteile, während China, noch abgekapselt, eine nicht ungefährliche eigene Glaubensrichtung verfolgte. Der Rest der Erde lebte von Gnaden der westlichen weissen Welt. Leute wie Peter und Liesel machten sich darüber keine Gedanken.

Matthias Landmann hatte zu der Zeit gerade geheiratet und den Bauernhof von seinem Vater übernommen. Jung, ungestüm und ehrgeizig, fand er die alten, traditionellen Methoden der Landbestellung zu beschwerlich und zu ertragsarm. Er wollte den Hof ausbauen, mehr Land roden und pflügen und die Milchproduktion steigern. Der schnellste Weg dahin war mit Hilfe des neuen, kraftvollen Kunstdüngers, der in wenigen Wochen einen dichten grünen Wuchs auf den Wiesen hervorbrachte und das immer wieder tat, den ganzen Sommer hindurch, so oft man neuen Dünger auf die Wiesen streute. So brachte er dank der FCC-Produkte mehr Heu ein und konnte davon mehr Kühe im Winter durchfüttern. Die tödlichen Herbizide und Pestizide sorgten dafür, dass das Erntegut sauber war und die Vorräte haltbar blieben. Es dauerte dreissig Jahre, bis er – nicht zuletzt durch das wachsende Interesse und Umweltbewusstsein seines Sohnes – bemerkte, dass etwas nicht in Ordnung war mit der Welt, die er mit Hilfe der Chemikalien aus den Plastiksäcken geschaffen hatte. Auch wenn er hervorragende Ernten einfuhr, so war das System doch nicht ohne energieintensive Nachhilfe aufrechtzuerhalten, und die musste auf lange Sicht teuer bezahlt werden. Nach dreissig Jahren erkannte er, dass die Fruchtbarkeit, die Struktur und organische Zusammensetzung seines Bodens, diese eindeutigen Qualitätszeichen, die zusammengenommen die Lebenskraft des Bodens ausmachen, keinen Deut besser geworden waren trotz des vielen Geldes, das in die Tausende ging, das er an FCC bezahlt hatte. Im Gegenteil, sein teurer Boden hatte gelitten; die Feldblumen, an denen er sich früher so erfreut hatte, waren verschwunden; er hatte sich mitschuldig gemacht an der Verunreinigung der Wasserläufe in seinem Land; die Fertilität seiner Kühe liess nach, und das selbstgezogene Gemüse, das seine Frau zum Essen servierte, schmeckte ihm nicht mehr. Nach einem Leben harter Arbeit entschloss sich Matthias, wie schon viele seiner Kollegen in der Nachbarschaft, einen neuen Anfang zu versuchen, frei von den Technologien der «Grünen Revolution», zu denen er sich vor vielen Jahren durch die Überredungskunst der FCC-Vertreter und die entsprechende Werbung verführen liess.

Man kann ihm wegen seiner damaligen Haltung keinen Vorwurf machen. Der Gedanke, dass Energie etwas Kostbares ist, ein Gemeingut, mit dem man sparsam umgehen muss, war so gut wie niemandem gekommen. Die ganze Welt funktionierte nach einem Prinzip, das mehr und mehr Energie verbrauchte. Man ging davon aus, dass sie in fast unerschöpflichen Mengen vorhanden sei, unvorstellbar, dass es einmal damit ein Ende haben könnte. In der Alten Welt war Holz das traditionelle Heizmaterial. Der urtümliche Reiz eines offenen Holzfeuers zeigt sich heute noch, wenn sich manche Menschen einen offenen Kamin in ihr sonst zentralbeheiztes Haus einbauen lassen. Dagegen ist bekannt, dass die Chinesen bereits lange vor Christi Geburt Kohle zu Heizzwecken benutzten. In Europa gab es fast überall vor der Industrialisierung riesige Wälder, die unerschöpflich zu sein schienen. Aber bereits zur Regierungszeit von Königin Elisabeth I. in England machte sich eine zunehmende Holzknappheit auf der verhältnismässig dicht besiedelten Insel bemerkbar, hauptsächlich weil die Industrien wie Eisenschmelzöfen, Brauereien und Papierherstellung schnell heranwuchsen. Das war ein erstes ernstes Anzeichen, dass natürliche Energievorräte schnell rar werden können, aber keiner lernte daraus. England hatte reiche Kohlevorräte. Der Kohleabbau wurde bald zu einem Hauptindustriezweig des Landes, und das trieb weitere technische Entwicklungen voran. Zum Beispiel wurden Dampfmaschinen zuerst zum Trockenlegen von Minenschächten eingesetzt. Die neue Energiequelle gemeinsam mit den neuen Methoden der Eisen- und Stahlverarbeitung ermöglichten die industrielle Revolution und führte zur Erfindung der Eisenbahn. Andere europäische Länder folgten Englands Beispiel, das Netz der Eisenbahn dehnte sich aus, Industriezentren entstanden, wie zum Beispiel an der Ruhr in Deutschland, und die Nachfrage nach Kohle wurde unersättlich.

In Amerika beuteten die ersten europäischen Siedler die dort angetroffene Holzfülle gedankenlos aus, doch bereits gegen Ende des 19. Jahrhunderts waren die USA zum grössten Kohleproduzenten der Welt geworden, und der rasche Aufstieg der Vereinigten Staaten zur Industrieweltmacht basiert auf der Kohle als Energiequelle. Seit dem Zweiten Weltkrieg ist der Kohleabbau in Amerika genauso wie in den meisten westeuropäischen Staaten aufgrund der Konkurrenz von Öl und Atomenergie zurückgegangen, nur im sowjetischen Machtblock und in China steigt er weiter. Im wesentlichen ist es die Kohle, die schuld ist an der heutigen Umweltsituation, nicht nur wegen der Verunreinigung der Atmosphäre durch Rauchschadstoffe, sondern auch, weil ihre Nebenprodukte die Grundstoffe lieferten, auf denen die gesamte chemische Industrie aufbaute. Selbst nach hundert Jahren intensiven Kohleverbrauchs ist erst ein geringer Prozentsatz des gesamten Kohlevorkommens auf der Erde abgebaut worden.

Mit dem Holzvorrat sieht das anders aus. Holz hat natürlich einen viel geringeren Heizwert als Kohle, selbst eine Holzart mit hohem Harzanteil wie Kiefer besitzt nur die Hälfte der Heizkraft von Anthrazit. Im Vergleich zu anderen Energieträgern musste Holz schon immer leiden, weil es so einfach zu bekommen ist. Schon in Urzeiten brauchte der Mensch nur abgefallene Äste vom Waldboden aufzusammeln, um sein Feuer zu unterhalten. Als die Bevölkerung zunahm, vor allem als die Städte wuchsen, begann der Raubbau in den Wäldern. In Europa, wo sich die Bevölkerung besonders rapid vermehrte, konnte man auf die reichlichen Kohlevorräte ausweichen. In Nordamerika haben die ersten Siedler die Wälder absichtlich gerodet, um Ackerland zu gewinnen, und diese Politik wird bis in unsere Tage in manchen Ländern verfolgt, vor allem in Südamerika. Holz ist jedoch nicht nur ein Energieträger, es wird in riesigen Mengen als Bausubstanz, zur Möbel- und Papierherstellung benutzt, und trotz intensiver Konservierungs- und Aufforstungsprogramme in Europa und Nordamerika werden laufend grosse Flächen des tropischen Regenwaldes abgeholzt und gehen für immer verloren. Niemand kann das Ergebnis dieser Verwüstungen präzise voraussagen, aber es wurden bereits schlimme Auswirkungen auf das Leben der dortigen Bewohner, der Tiere und Pflanzen beobachtet, und viele Arten von Lebewesen sind in den gerodeten Gegenden bereits gänzlich ausgestorben. Auch das Wetter wird ohne Zweifel beeinflusst. Gewissenhafte Forstaufsicht und Verwaltung der Waldbestände auf unserer Erde könnten die nötigen Voraussetzungen schaffen, um den Holzertrag zu sichern – wenn die Bäume nicht durch Luftverschmutzung krank würden, wie besonders bei uns in Zentraleuropa, wo der berüchtigte saure Regen bereits nicht wieder gutzumachenden Schaden in unseren Wäldern angerichtet hat.

Schuld am Baumsterben sind zu einem nicht unerheblichen Teil auch die Abgase unserer schnellen Autos. Kaum war die Kohle zum Hauptenergielieferanten geworden, da wurde der Explosionsmotor erfunden, und innerhalb weniger Jahre avancierte Erdöl zum gesuchtesten Mineral. Die Nachfrage nach Öl stieg ins Unersättliche, doch man fand es auch rund um den Erdball. Man brauchte nur eine Bohrung anzusetzen, und wieder schoss ein glühender Strahl Erdöl mit einer solchen Wucht aus dem Erdinnern, dass die Fördermengen in Millionen Barrels pro Tag gemessen wurden (1 Barrel entspricht etwa 160 Litern). Es sprudelte an den Küsten des Kaspischen Meeres, in Texas, in Venezuela und in Mexiko, in Nigeria und auf dem arabischen Subkontinent, in Iran und auf Borneo. Das Öl machte nicht nur seine Besitzer zu Millionären, wie zum Beispiel den König von Saudiarabien oder den Sultan von Brunei, sondern auch andere wie Paul Getty und Calouste Gulbenkian, die nur damit handelten und es verschifften. Die Gier der Menschen nach Öl trieb sie dazu, sogar auf dem Meeresboden unter der Nordsee und unter den Eisschichten von Alaska danach zu suchen. Als sein Weltmarktpreis im Jahr 1973 plötzlich durch ein Konsortium der Förderländer angehoben wurde, weil man seinen Handelswert höher einschätzte, brachte dies die Weltwirtschaft in eine Krise und trug zu einer Rezession bei, unter der viele Staaten noch heute leiden. Inzwischen gibt es eine Ölschwemme, und die Förderländer haben sich begrenzte Förderquoten auferlegt, um den Marktpreis des Minerals aufrechterhalten zu können. Von solchen willkürlichen Manipulationen des Weltmarktes hängt das Schicksal von Nationen ab.

Seit das Erdöl zur begehrtesten Energiequelle geworden ist, beschmutzt es unsere Umwelt in einem bisher noch nicht dagewesenen Ausmass. Seine verschiedenen Fraktionen liefern ja nicht nur den Treibstoff für Autos, Schiffe, Flugzeuge und Diesellokomotiven oder das Heizmaterial für unsere Kesselanlagen, sie sind auch das Ausgangsprodukt für die verschiedenen Kunststoffartikel, die uns überall im Alltag begleiten, genauso wie für Seifen, Farben, Teerstoffe und Nahrungsmittelzusätze. Kein Wunder, dass das Rohmaterial in Massen fliessen muss, und so wird es ständig transportiert und dabei auch unabsichtlich oder absichtlich in die Meere verschüttet. Das Wasser unserer Erde ist längst nicht mehr organisch sauber und gesund, denn die Meere sind zum Mülleimer der Industrien geworden, und vieles von dem, was sich im Mülleimer wiederfindet, kam ursprünglich aus einer Ölquelle.

Ohne Zweifel haben die Erfindungen und Entwicklungen des 20. Jahrhunderts das Leben in den Wohlstandsländern bequem und angenehm gemacht. Man hat sich daran gewöhnt, im eigenen Fahrzeug umherzufahren, die Wohnungen und Häuser durch Knopfdruck oder Drehen an einer Schaltuhr zu beheizen, die schmutzige Wäsche den Detergentien der Maschine zu überlassen, und ohne viel Mühe Fertiggerichte zu servieren, die durch chemische Zusätze haltbar gemacht wurden. Das alles wieder aufzugeben, wäre undenkbar, ausserdem hängt unsere komplexe Wirtschaft von der Aufrechterhaltung und Weiterentwicklung dieser Produktionsgüter ab, und eine nicht abreissende Werbeflut sorgt für zunehmenden Verbrauch. Als man endlich begriff, dass vermehrter Energieverbrauch zu einem früheren Ende der Vorräte an Holz, Kohle, Öl oder Erdgas führt, blies ein kalter Angstwind durch die Korridore der Amtsgewaltigen. Musste man dann auf das gute Leben verzichten? Glücklicherweise hatte man die Antwort bereits entdeckt – das Atom.

Die Kraft, die ein Atom in sich birgt, ist enorm. Um die Atomkraft zu nutzen, wird die ihm innewohnende Energie durch Kernspaltung von sehr schweren Atomen wie dem des Urans gewonnen, indem man diese mit Neutronen bombardiert. Wenn sich der Urankern auflöst, werden riesige Mengen an Energie frei und ebenfalls weitere Neutronen, die ihrerseits nun andere Urankerne bombardieren und spalten. Diese Kettenreaktion kann unter kontrollierten Bedingungen einen steten Energiefluss liefern, der als Hitze frei wird und, in Wasserdampf umgewandelt, eine Turbine antreiben kann. Ein Kilogramm Uran liefert so viel Energie wie 3000 Tonnen Kohle – kein Wunder, dass man sich so enthusiastisch auf die

Ausnutzung der Atomenergie gestürzt hat. Wenn die Gewinnung und die Reinigung von Uran auch sehr kostspielig sind, so ist es doch einfach zu transportieren, denn man braucht dafür keine grossen Tankbehälter. Bei der Nutzung der Atomenergie wird kein Sauerstoff verbraucht wie beispielsweise bei einem normalen Verbrennungsmotor, der durch Benzin oder Dieselöl angetrieben wird. Daher ist die Atomenergie auch der ideale Treibstoff für ein Unterseeboot, das damit monatelang unter Wasser bleiben kann. Die theoretischen Berechnungen ergaben, dass Atomkraftwerke ohne hohe Kosten betrieben werden können, doch wie viele andere optimistische Spekulationen über Atomkraftnutzung bewahrheitete sich auch diese nicht. Im November 1984 wurden 300 kg Plutonium, ebenfalls ein Atomkraftstoff, auf dem Seeweg von Europa nach Japan gebracht. Es war die grösste Fracht dieser Art, die bisher transportiert wurde, obwohl die Gewichtsmenge nicht mehr darstellte als etwa 6 Säcke Kohlen. Da man wusste, dass es sich gleichzeitig um die gefährlichste Fracht handelte, die je verschifft worden war, wurde sie von Hafen zu Hafen von einer Flotte Kriegsschiffe eskortiert – was natürlich einen enormen Kostenaufwand verursachte.

Dem bestechenden Vorteil des Atomkraftstoffes steht ein tödlicher Nachteil gegenüber. Zerfallene Uraniumatome stellen die als Fallout bekannte radioaktive Asche dar, die mit absoluter Sicherheit organisches Leben schädigt oder gar tötet, je nach der erhaltenen Dosis. Dagegen gibt es kein Heilmittel. Bei allen Atomzerfallsreaktionen entsteht Radioaktivität, daher müssen alle Atomreaktoren absolut dicht abgesichert sein. Es gibt bisher keine befriedigende, gefahrlose Methode, den radioaktiven Abfall los zu werden. Die Radioaktivität erlischt erst im Laufe der Zeit, und Zeit heisst hier in Tausenden von Jahren.

Einige Tage nach dem welterschreckenden Atombombenabwurf im August 1945 rief Präsident Truman zur internationalen Atomkraftkontrolle auf. Natürlich war das zu spät. Jeder wollte sich jetzt durch den Besitz dieser Horrorwaffe schützen, und seither haben die UdSSR, England, Frankreich, China, Indien und ohne Zweifel eine Reihe kleinerer Staaten auch die notwendigen Kenntnisse erworben, Atombomben herzustellen, und ihre Wirkung wurde in der Luft und unter Wasser und unterirdisch ausprobiert. Niemand kann sagen, wie viele Menschen, Tiere oder Pflanzen durch die dabei freigesetzte Radioaktivität geschädigt wurden. Die umfangreichen Atomwaffenarsenale bedeuten eine ständige Gefahrenquelle, dazu gibt es nun bereits Hunderte von Atomkraftwerken, durch die die Möglichkeit einer unabsichtlichen Atomverseuchung gesteigert wird. Auch die Anschlussindustrie, die sich um die Atomkraftnutzung oder Beseitigung des Atommülls bemüht, vergrössert den Gefahrenkreis. Atommüll wird von einem Land, in dem er anfällt, in ein anderes gebracht, um dort behandelt zu werden. Aber Atommüll kann nicht in harmlosen nichtradioaktiven Müll umgewandelt werden, und deswegen wird er in massive Betoncontainer abgepackt und in abgrundtiefen Erdkavernen oder in den Meerestiefen abgelagert.

So ist das winzige Atom zu einer grösseren Bedrohung unserer Erde geworden als alle bisher bekannten Energiequellen und Waffen zusammen. Die sogenannte «saubere» Atomkraft gibt es nicht, sie ist genauso ein Märchen wie die frühere Vorstellung, dass Erde und Meere grenzenlos seien und alles spurenlos in sich aufnehmen würden. Viele unserer modernen chemischen Schadstoffe sind unzerstörbar, sie können nicht in harmlose Komponenten aufgelöst werden. So ist zum Beispiel alles DDT, das je produziert wurde, noch vorhanden. Es ist überall so weit verbreitet worden, dass man heutzutage nichts mehr essen kann, was nicht Spuren von DDT enthält, obwohl die Substanz nur noch in geringen Mengen hergestellt wird. Das mit der Nahrung aufgenommene DDT wird im Fettgewebe gespeichert, und da es krebserregend ist, kann es unter Umständen auch krankheitserzeugend wirken und zu unserem Tod beitragen. Aber damit ist es noch nicht aus der Welt geschafft, es bleibt vielmehr für immer in den Kreislauf unserer Erde eingeschaltet, genauso wie zahlreiche andere stabile Gifte, die zum Zweck der Unkraut- und Ungezieferbekämpfung eingeführt wurden. Alles Leben hat dafür bereits einen hohen Tribut gezahlt. Unsere Seen, Flüsse und Meere sind stark verunreinigt, und ihr organisches Gleichgewicht ist gestört. Da das Leben auf unserer Erde im Wasser begonnen hat und alle Lebewesen immer noch davon abhängen, ist es eine fatale Torheit, dieses Lebenselement nicht besonders zu schützen. Manche Pflanzen und Insekten sind bereits durch chemische Vertilgungsmittel ausgerottet worden. Vögel und Tiere höherer Ordnung nehmen die Gifte mit der Nahrung auf, und die Arten, die in der Nahrungskette oben stehen, sind besonders betroffen. Manche von ihnen, wie die Adler, sind weitgehend unfruchtbar geworden, und ihr Artbestand ist bedroht. Der Mensch steht oben auf dieser Pyramide und ist aus dieser Kette nicht ausgeschlossen.

Als Matthias Landmann als junger Bauer die willkommenen und arbeitserleichternden Chemikalien auf seinem Hof einführte, war noch nichts von ihren verheerenden Auswirkungen bekannt. Dr. Schuster ging noch zur Schule und lernte Chemie und sprühte DDT auf die Insekten in der Küche seiner Mutter, während Liesel Freimüllers Mutter ihre kleine Tochter stillte und nicht im Traum daran dachte, dass ihr Kind mit der Muttermilch DDT zu sich nehmen könnte. Und was die sogenannten unterentwickelten Länder betrifft, die später die vielversprechenden Jagdgründe der FCC-Vertreter wurden, so waren sie noch viel zu sehr mit ihren Unabhängigkeitsbestrebungen beschäftigt, als daran zu denken, dass sie eines Tages von Problemen wie Hunger, Armut, Überbevölkerung und Entwaldung geplagt sein könnten, nicht zu sprechen von Terrorismus, Guerillakrieg und der Einmischung verschiedener Weltmachtblöcke. Die jungen, selbständig gewordenen Staaten nahmen begierig die technischen Errungenschaften der sogenannten entwickelten Länder auf, die ihrerseits nur zu bereit waren, ihnen ihre Waren und Dienste zu verkaufen. Mit Hilfe von chemischen Düngemitteln wurden ehrgeizige Pläne initiiert, die die traditionellen, jahrhundertealten Bewirtschaftungsmethoden ersetzen sollten. Die örtlichen Gegebenheiten und die Bedürfnisse der anwohnenden Bevölkerung zählten weniger als mögliche Exportergebnisse von Produkten, die im Monokulturanbau angepflanzt wurden. Mit sichtlich dramatischem Erfolg wurden Insektizide und Herbizide eingeführt, und die «Grüne Revolution» begann. Das Nationalbewusstsein der jungen Staaten verführte sie, enorme Gelder im Strassenbau, für Flughäfen und Renommierhotels auszugeben. Die jungen Mütter wurden aufgeklärt und durch geschickte Werbung dazu überredet, ihren Kindern Flaschennahrung zu geben. Der Fortschritt war da.

Das heutige Ergebnis sind weitverbreitetes Elend und Ratlosigkeit, teilweise verschlimmert durch klimatische Veränderungen wie in der Sahel-Zone in Afrika, wo bereits vor Jahren Millionen von Menschen verhungerten. In Südamerika werden ausgedehnte Urwaldflächen abgerodet und erbarmungslos niedergebrannt, um Siedlungsboden zu gewinnen, dabei hat ein so grosses und grundsätzlich reiches Land wie Brasilien mit Problemen wie internationale Verschuldung, Inflation, Arbeitslosigkeit und sozialen Missständen zu kämpfen. In Europa und Nordamerika ist eine ganze Generation dabei, die Welt an den Rand des Abgrundes zu manövrieren, nur noch vom Streben nach Bequemlichkeit, Komfort und Wohlstand motiviert. Dabei wird die Erde vergewaltigt und die Natur geopfert, ohne die Folgen für die Zukunft zu bedenken, und ein intelligenter Mann wie Dr. Schuster schert sich nicht darum. In seinen warmen vier Wänden sitzend, ignoriert er, was ihn nicht unmittelbar betrifft, und betäubt seine Sinne wechselweise durch Essen und Trinken oder Medikamente. Liesel und Peter Freimüller empfinden Langeweile und Unzufriedenheit, aber wissen sich nicht anders zu helfen, als den Werbesprüchen in den Illustrierten auf den Leim zu gehen und Zerstreuung durch den Knopfdruck am Fernseher zu suchen. Nur Matthias Landmann hat sich entschlossen, einen anderen Weg einzuschlagen, weil ihm die Beweise für den Raubbau an unserer Erde deutlich vor Augen stehen und weil er sich, trotz aller Industriehörigkeit in den vergangenen 30 Jahren einen unverdorbenen Sinn für sein Land bewahrt hat.

Am Ende des 20. Jahrhunderts gibt es weniger Wale, weniger Adler und weniger Büffel auf dieser Erde, dafür Öllaken, Plastiksäkke und atomaren Fallout. Auf Kosten der Dritten Welt importieren wir zur Viehmast grosse Mengen Getreide und lassen uns dann Fleischportionen servieren, ohne darüber nachzudenken, welches hohe Nahrungspotential auf diese Weise verlorengeht. Es könnten zehnmal so viele Menschen satt werden, wenn das Getreide direkt unserer Nahrung zugeführt würde statt als Fleisch. Indem wir selbstsüchtig an unseren Ernährungsgewohnheiten festhalten, missachten wir die Fertilität unseres Bodens. Im Jahr 1984 brachten die Landwirte auf den Britischen Inseln Rekordgetreideernten ein, die zum Teil als billigeres Viehfutter verkauft werden mussten, während Millionen von Menschen in Afrika vor Hunger sterben.

Entwicklungen in den industrialisierten Ländern der westlichen Welt gehen häufig auf Kosten eines bereits verarmten Landes auf der anderen Seite der Erdkugel. Der Rückgang des Juteexports von Bangladesh beruht zu einem grossen Teil auf der Einführung von Plastiksäcken, und es lohnt sich, dieses Beispiel einmal näher zu betrachten, weil es dazu viele Parallelen in anderen Dritte-Welt-Ländern gibt.

Noch vor 30 Jahren brauchte selbst ein relativ kleiner Bauernhof wie der von Matthias Landmann Hunderte von Jutesäcken pro Jahr. Das Saatgut, das Trockenfutter für das Vieh, das Zusatzfutter für die Hühner, alles kam in Jutesäcke, und die Feldprodukte verliessen den Hof ebenfalls in Jutesäcken, die alle mit Schnüren aus Jutefäden zugebunden waren. Alle diese Säcke sind heute aus Plastikmaterial, und die Folgen für die Bevölkerung im fernen Bangladesh, von denen 80 Millionen auf dem Lande leben, sind katastrophal. Das Klima in Bangladesh eignet sich nur für zwei Arten von Produkteanbau, für Reis, der als Hauptnahrungsmittel dient, und für Jute, die 70% der Exporteinnahmen des Landes ausmachte. Seit die Nachfrage nach Jute so drastisch zurückging, sind viele der 80 Millionen Menschen arbeitslos, und Bangladesh ist zu einem der ärmsten Länder der Erde geworden. Für einige von ihnen gibt es einen Hoffnungsschimmer: Durch Anregung und Hilfe von anteilnehmenden Menschen in Europa wurden die Dorffrauen in Selbsthilfegruppen organisiert. Sie fertigen Einkaufstaschen und Matten aus Jute an, und diese werden bei uns in den Dritte-Welt-Läden verkauft. Mehr als eine halbe Million Jute-Einkaufstaschen wurden zum Beispiel in der Schweiz verkauft, und jeder, der eine solche Tasche kauft, unterstützt damit nicht nur eine Familie in Bangladesh, sondern gleichzeitig die Qualität unserer Umwelt. Zur Herstellung einer Einkaufstasche aus Plastik wird viermal so viel unwiederbringliche Energie verbraucht, wie zur Herstellung einer gleich grossen Jutetasche nötig ist. Die Jutetasche hält normalerweise fünfmal so lange wie die Plastiktasche, und wenn sie schliesslich unbrauchbar geworden ist, kann sie auf den Komposthaufen geworfen werden, und dort leistet sie noch einen Beitrag zum organischen Kreislauf unserer Erde. Wenn die Plastiktasche weggeworfen wird, trägt sie zu den 2 Millionen Tonnen nichtkompostierbaren Mülls bei, der jährlich in der Schweiz anfällt. Natürlich kann man die Plastiktüten auch verbrennen, aber um vier Plastiktüten zu verbrennen braucht man soviel Sauerstoff aus der Luft, wie ein Mensch am Tag zum Atmen benötigt; dabei wird durch das Verbrennen von Plastik der Kohlenstoffgehalt der Luft erhöht, und das hat schliesslich wieder negative Auswirkungen auf unser Klima.

Auf jeder Jutetasche steht der Spruch «Jute statt Plastik». Er sollte ernst genommen werden. Er könnte bedeuten, dass die kommende Generation auf den Ruinen der jetzigen aufbauen kann, statt unter unserem Müll zu ersticken.

Die Ökophilosophen

Zuerst hörte man nur vereinzelte Stimmen, die vor der Ausbeutung unserer Erde und den Eingriffen in die Natur warnten. Eine Welle der Entrüstung erhob sich nach dem Bombenabwurf auf Hiroshima, doch dahinter verbarg sich im wesentlichen nur die Angst vor der weltweiten Ausdehnung dieser katastrophalen Waffenart, während die friedliche Nutzung der Atomkraft noch durchaus wünschenswert erschien. Die «Grüne Revolution» in der Landwirtschaft wurde fast einhellig als segensreiche Entwicklung begrüsst, und man versprach sich davon eine spürbare Hilfe bei der Beschaffung der nötigen Nahrungsmittel für eine unaufhaltsam wachsende Weltbevölkerung. Nur wenige Bauern zogen es vor, bei den herkömmlichen Methoden der Land- und Viehwirtschaft zu bleiben, und die es taten, hielt man für altmodisch, für komische Käuze («Cranks» sagt man im Englischen, und als in den sechziger Jahren in London das erste Restaurant eröffnet wurde, das nur Bioprodukte in seiner Küche verwendete, nannte es sich «Cranks»; es war bald so beliebt, dass zusätzliche Räume angemietet werden mussten, dennoch blieb es schwierig, zu den üblichen Tischzeiten dort einen freien Platz zu finden).

Schon zu Beginn unseres Jahrhunderts entwickelte Rudolf Steiner – der 1925 starb – seine philosophisch-anthroposophischen Ideen. Er glaubte, dass der Geist des Menschen der Schlüssel zur Natur der Welt ist und begründete seine Schule in Dornach im Jahr 1912. Nicht nur Pädagogik und Medizin waren zusätzliche Gebiete seiner Einflussnahme, sondern auch die Landwirtschaft. Einsichten in den Haushalt der Natur und die Erkenntnis des Zusammenhangs von Erde und Kosmos bilden die Grundlagen des durch ihn initiierten biodynamischen Landbaus, der seither viele Anhänger gefunden hat. Doch gegen den Werbeeinfluss der Industrie hat die Steiner-Bewegung nichts vermocht, und die Verbreitung der chemischen Dünge- und Schädlingsbekämpfungsmittel in der Landwirtschaft konnte nicht aufgehalten werden. Mitte der sechziger Jahre hatten die Fremdsubstanzen in unserer Umgebung so zugenommen, dass ihre Anhäufung kaum noch zu übersehen war, wenn man sich auch einen besonderen Sinn für die Natur bewahrt haben musste, um das zu bemerken. Und diese Voraussetzung gilt gewissermassen heute auch noch und erklärt viele Schwierigkeiten und Missverständnisse, mit denen die Ökobewegung ständig konfrontiert wird. Die Mehrheit der mündigen Menschen ist naturfremd geworden und merkt gar nicht, dass vieles auf dieser Erde nicht mehr in Ordnung ist. Und wer es merkt, ist meist nicht geneigt, die Fundamente der Industriegesellschaft zu unterminieren, die vermeintlich ein kontinuierliches Wirtschafts- und Wohlstandswachstum und soziale Sicherheit garantieren. Als Dr. Karl Friedrich Wentzel in Westdeutschland bereits in den fünfziger Jahren vor der Luftverunreinigung warnte und die krankmachenden Auswirkungen auf die Bäume beschrieb, liess man sich dort von der Welle des Wirtschaftswunders hochtragen, und der gute Geruch des Geldes nach langen Jahren der Einschränkung und der Not überdeckte geflissentlich jeden unangenehmen Odeur in der vielleicht nicht mehr ganz so frischen Luft. Hin und wieder verursachten Naturwissenschaftler einen kleinen Wirbel im ruhigen Wohlstandssee, wenn sie über die nicht beabsichtigten Wirkungen der Schädlingsbekämpfungsmittel auf Tiere und Pflanzen berichteten oder von der Verschmutzung der Gewässer durch Chemie- und Industrieabfälle. Manchmal gab es Zeitungsberichte, die die Gefahren bei fortgesetzten Atombombenversuchen beschrieben, und dann und wann hörte man eine Stimme, die vor Gesundheitsschäden durch Nahrungsmittelzusätze warnte.

1962 veröffentlichte die amerikanische Meeresbiologin Rachel Carson ihr Buch «The Silent Spring» («Der stumme Frühling»), in dem sie die verheerende Wirkung unbedacht verwendeter Chemieprodukte in der Landwirtschaft auf das Gleichgewicht in der Natur beschreibt. Das Buch, so dramatisch erzählt wie ein Krimi, wurde schnell zum Bestseller. Endlich hatte die ökologische Bewegung eine Stimme bekommen, und etwa zur gleichen Zeit sah man Geschäfte, die organisch angebaute Lebensmittel verkauften, und mehr und mehr Menschen fanden das Leben in den eintönigen Industriestädten trotz dem dort gebotenen Komfort unbefriedigend, die halbfertig aufbereiteten Nahrungsmittel geschmacklos trotz der bequemen Anwendungsweise, und die halbautomatisierte, entpersönlichte Arbeit verachtenswert trotz dem damit verdienten Geld. Viele suchten nach einem neuartigen Leben und hatten auf einmal Spass daran, Gemüse anzubauen, ein paar Ziegen zu halten oder ein altes, fast vergessenes Handwerk zu erlernen, wie

Spinnen, Weben oder Töpfern. In Büchern und Zeitschriftenartikeln wurde eine gesunde Ernährung durch Vollkorngetreide und Eier von frei pickenden Hühnern empfohlen. Geschäfte schossen aus dem Boden, die Schrotbrote, Biojoghurt und ungespritzte Früchte verkauften. Immer mehr Leute meinten, sie würden lieber einmal einen Wurm im Apfel finden, als einen wurmlosen, aber giftigen Apfel essen. Ökologie wurde modern, das heisst, die Medien bedienten sich eifrig des Wortes und fielen darüber her, so wie sie sich früher auf die Worte «Impressionismus» und «Existentialismus» gestürzt hatten, doch den Mann auf der Strasse liess die Angelegenheit noch kalt. Manche Landwirte, denen die Probleme der Umwelt natürlich näher liegen, sahen wohl die Beweise in der Praxis und kehrten zu den organischen Methoden der Landbestellung zurück. Sie wurden weltweit unterstützt durch neuformierte Organisationen wie die «Schweizerische Stiftung zur Förderung des biologischen Landbaus» oder durch Gruppen, die sich unter ähnlichen Gesichtspunkten aus wachsender Sorge um die Umwelt zusammenschlossen, zum Beispiel «The World Wildlife Fund», «Terre des Hommes» und «Friends of the Earth».

Im Jahr 1968 gründeten mehrere Wissenschaftler, Humanisten, Ökologen und Industriemanager unter Leitung von Dr. Aurelio Peccei den «Club of Rome», dessen Anliegen es ist, Forschung und Reflexion über die Mechanismen in der Weltgesellschaft anzuregen, die in einem Missverhältnis zwischen ungezügelter menschlicher Vermehrung und Unersättlichkeit lebt, um aus den gewonnenen Einsichten der Menschheit einen neuen Weg unter einem veränderten Wertsystem aufzuzeigen. Als erste Diskussionsgrundlage diente eine im Auftrag des Clubs erstellte Computerstudie von Dennis Meadows in den USA, die unter dem Titel «The Limits to Growth» («Die Grenzen des Wachstums») im Jahr 1972 veröffentlicht wurde und die Auswirkungen von Industrie, Politik und Gesellschaft auf die Lebensbedingungen auf unserem Planeten beschreibt. Die darin enthaltenen Prognosen erregten kontroverse Auseinandersetzungen, u. a. zwischen der Anthropologin Margaret Mead, dem Ökologen Barry Commoner (der später einen Plan entwickelte für den reibungslosen Übergang von fossiler Energienutzung zu Sonnenenergienutzung innerhalb von 50 Jahren) und Linus Pauling, dem Chemiker und Nobelpreisträger. Die Ökologiebewegung war nun im Schwung.

Die allgemeine Sorge betraf nicht nur die wirtschaftlich entwickelten Länder, sondern auch den Teil der Welt, der bald die «Dritte Welt» genannt wurde und der bis dahin noch relativ unverschmutzt geblieben war, ausser dass in manchen abgelegenen Gegenden Atombombenversuche stattgefunden hatten. Die Länder der unterentwickelten Welt, von denen viele erst den Kolonialstatus abschüttelten, waren reif zum Entwickeln und gaben sich geradezu her zur Ausbeutung. Meist handelte es sich um arme Länder, die sehr empfindlich sind in bezug auf ihre Rückständigkeit und daher oft viel zu schnell bereit, die Verheissungen der Zivilisation anzunehmen. So war es ein Leichtes, junge Mütter in Afrika zu überreden, ihren Kindern Flaschennahrung statt Muttermilch zu geben. Und es war auch möglich, in den Ländern der Dritten Welt Pestizide zu verkaufen, die bei uns bereits verboten waren.

Die Implikationen von «big business» wurden allmählich deutlicher, und es war vor allem E. F. Schumacher, einer der ersten und wichtigsten Vertreter der Ökobewegung, der darauf hinwies und die Gefahren blosslegte. Er prägte den Slogan «Small is beautiful», und mit dieser einfachen Aussage beeinflusste er das Denken einer neuen Generation. «Small is beautiful» («Die Rückkehr zum menschlichen Mass») ist auch der Titel seines ersten und immer noch viel zitierten Buches, in dem er die einseitige Wachstumspolitik, das Glaubensbekenntnis der multinationalen Konzerne, anprangert und verurteilt. Diese Einstellung ist verantwortlich für die Existenznot und die Arbeitslosigkeit von Handwerkern und Geschäftsleuten – von Schuhmachern und Schneidern, Klempnern, Milch- und Gemüsehändlern und Wäschereibesitzern –, die durch Kettenbetriebe und Supermärkte aus dem Geschäft gedrängt wurden. Auch in der Autoindustrie ist der Leitgedanke Umsatzwachstum um jeden Preis, und deshalb werden weiterhin grosse Luxusmodelle und Prestigefahrzeuge hergestellt, obgleich das Auto der Zukunft kleiner, wirtschaftlicher, umweltfreundlicher und dauerhafter sein muss. Ein anderes Beispiel sind die Elektrizitätsgesellschaften, die sich für den Ausbau von Atomkraftwerken einsetzen, anstatt dezentralisierte Energiegewinnungsprojekte zu fördern, die sich den örtlichen Gegebenheiten entsprechend auf Sonnen-, Wind- oder Wasserkraftenergiegewinnung stützen.

Die Technologien für die alternative Energiegewinnung sind in Form von Sonnenkollektoren, Windgeneratoren und Wasserturbinen bereits weit entwickelt, und Schumacher prägte für sie den Ausdruck «Technologie mit menschlichem Antlitz». Er beklagt, dass wir uns bisher zu kurzsichtig auf riesige Kraftwerke und riesige Fabriken konzentriert haben, auf ein Konglomerat von rohstoffintensiven Massenproduktionsanlagen, die die Landschaft verunstalten und die Umwelt verschmutzen. Sie sollten möglichst umstrukturiert werden, rohstoff- und energiesparende Technologien nutzen und Werkstoffe durch Wiederaufbereitung in den Materialkreislauf zurückführen. In den Ländern der Dritten Welt gibt es Beispiele, wo die Big-business-Denkweise besonders verheerende Auswirkungen zeigte, wenn durch den Bau enormer Staudämme oder das Einplanieren grosser Gebiete für Strassen und Flugplätze das Landschaftsgefüge aus dem Gleichgewicht geriet und die soziale Struktur der einheimischen Bevölkerung drastisch verändert wurde. Schumacher nennt das «science gone berserk» – wissenschaftliche Raserei – und rät zu überlegter, angepasster Technologie, zum Beispiel zur Einführung von ökonomischeren Holzbrennöfen, die nur die Hälfte des sonst üblichen Feuerungsmaterials verbrauchen, das offene Feuerstellen verschlingen, oder zum Nutzen der Sonnenenergie beim Kochen.

Meist sind die Länder der Dritten Welt den Ausbeutungen der grossen multinationalen Konzerne wehrlos ausgeliefert. Sie begrüssen die Reichen aus den beneideten Wohlstandsländern mit offenen Armen und sind beeindruckt, wenn derselbe Boden, von dem sie sich bisher ernährt haben, nach chemischer Düngung riesige Ernten hervorbringt, die Jahr für Jahr im Monokulturverfahren für den Export produziert werden. Doch nach einiger Zeit sind die organischen Stoffe im Boden verbraucht, noch mehr Düngemittel müssen importiert werden, die finanzielle Belastung steigt, die ortsansässige Bevölkerung verarmt, flüchtet in die Städte und füllt die Slums, und der Notstand eines solchen Landes macht es zum Spielball in der Politik.

Schumacher rät: «Global denken – lokal handeln», und seine wichtigsten Anliegen sind immer der Mensch und seine Sinnerfüllung, auch in der Natur. In seinem letzten Buch «A Guide for the Perplexed» («Rat für die Ratlosen»), das erst nach seinem Tod im Jahr 1977 erschien, sagt er: «We have become too clever and think we can do without wisdom» («Wir sind viel zu gescheit geworden und denken, wir können ohne Weisheit auskommen.») Ohne Weisheit nützt keine Wissensanhäufung, sie muss im Zentrum des menschlichen Denkens stehen, dann folgt wie von selbst eine Umorientierung zum Leben in Harmonie mit der Natur und eine Rekonstruktion unserer Wirtschaftsverhältnisse ohne das augenblickliche Chaos. Solange die Fundamente der Gesellschaft nicht in Ordnung sind, wird auch keine eilig durchgeführte Reparaturarbeit die Situation retten. Die Befolgung dieser Weisheit würde die Technologie in eine andere Richtung führen, entsprechend Schumachers Traum hin zum «Organischen, Sanften, Schönen».

Ähnliche Gedanken wurden von zahlreichen Autoren entwickelt und diskutiert und bilden zusammengefasst die Grundlage der Ökophilosophie, deren Spektrum vom biologischen Landbau und der Nutzung angepasster Technologien bis zur sozialökonomischen Reform reicht. Einer der meistgelesenen und lesenswertesten Autoren der Ökodenker ist der 1939 geborene Physiker und Philosoph Fritjof Capra, dessen Buch «The Turning Point» («Wendezeit») zum internationalen Bestseller wurde. Sein Buchtitel ist dem Chinesischen entnommen, dem «I-ching», einem der ältesten Weisheitsbücher der Menschheit. «Nach einer Zeit des Zerfalls kommt die Wendezeit», heisst es da, und Capra glaubt, dass wir an einem solchen Wendepunkt in unserer Geistentwicklung angekommen sind, und weiterhin, dass alle Probleme, die uns in dieser Epoche gegen Ende des 20. Jahrhunderts bedrängen – wie Inflation, Arbeitslosigkeit, Hungersnöte, Zivilisationskrankheiten, Umweltverschmutzung und Naturausbeutung, Energieknappheit und atomare Bedrohung – eine gemeinsame Ursache haben: die Überalterung unseres physikalisch-mechanistischen Weltbildes, das abgelöst werden muss. Capras Buch – ein ehrgeiziges Unterfangen – ist als Vision einer neuen Realität zu verstehen und beschreibt die Aussöhnung der Naturwissenschaften mit dem Humanismus unter der Zielvorstellung einer friedvolleren Zukunft.

Als Physiker betrachtet Capra die Probleme, die die Nutzung der Atomkraft mit sich bringt, vermutlich weniger emotionell als viele von uns, aber auch er spricht von der unheimlichen Kraft, die in einem Atom wohnt, und von der furchteinflössenden Tatsache, der sich unsere Generation im Gegensatz zu früheren stellen muss, nämlich, dass es in unserer Hand liegt, alles menschliche Leben, ja, alles Leben auf diesem Planeten schlechthin, in wenigen Momenten auszulöschen.

Das ist in seiner vollen Konsequenz kaum zu verstehen – unglaublich und noch unglaublicher, dass trotz aller Warnungen und Reden und Beschwörungen die meisten Menschen deswegen keine Stunde Schlaf einbüssen! Natürlich gibt es für viele persönliche und vordringlichere Probleme zu bewältigen, auch existenzielle, soziale oder politische Sorgen, aber gerade da knüpft Capra an und kritisiert, dass die Politiker der Supermächte um die Vormachtstellung der atomaren Bewaffnung wetteifern, obwohl bereits so viele Nuklearwaffen existieren, dass man die Erde viele Male damit zerstören könnte. Noch sterben jährlich 15 Millionen Menschen vor Hunger, und Hunderte von Millionen haben nicht genug zu essen, da kaufen ihre Regierungsvertreter Waffen. Wir geben dreimal so viel für Rüstung aus wie für das Gesundheitswesen, dabei hat ein Drittel der Weltbevölkerung nicht einmal täglich frisches Trinkwasser.

Aber Capra warnt nicht nur vor Bedrohung durch ungezügelte Atomkraft, sondern auch vor den Konsequenzen der Übervölkerung der Erde in Verbindung mit fortgesetzter Umweltschädigung durch industrielle Technologien, vor dem Unbrauchbarmachen unseres Planeten, der unser Lebensraum ist. Verbesserte Hygienemassnahmen, ausreichende Ernährung und wirkungsvolle Medikamente haben uns zwar geholfen, das Übel der Infektionskrankheiten, die die Menschen in der Dritten Welt noch häufig bedrohen, weitgehend zu beherrschen, dafür leiden wir unter den Folgen der sogenannten Zivilisation selbst und sterben an ihren Folgeerscheinungen. Die ungezügelten Wettbewerbs- und Wachstumsforderungen unserer Leistungsgesellschaft schaffen ein soziales Gefälle, das den einzelnen so belasten kann, dass Depression bis zum Selbstmord oder Aggression und Gewaltverbrechen daraus resultieren. Auch die wirtschaftlichen Krisen, durch die viele Länder heute erschüttert werden, haben ihre Wurzeln im gleichen, als überholt geltenden Gedankengut, in einem falschen Wertesystem, das abgelöst werden muss. Mit dem Ende des fossilen Energiezeitalters wird eine Wandlung des gesellschaftlichen Denkens und Handelns einhergehen, die sich bereits abzeichnet, denn das traditionell männlich betonte Gesellschaftsgefüge löst sich auf, und weibliche Kräfte gewinnen an Einfluss, und gleichzeitig beginnen wir ernsthaft zu bezweifeln, ob unbegrenzter materieller Fortschritt durch ökonomisches und technisches Wachstum möglich und sinnvoll ist.

Capra entwickelt seine Gedanken auf den Grundlagen der alten chinesischen Vorstellung von Yin – der empfangenden, bewahrenden und intuitiven Verhaltensweise – und Yang – der aggressiven, fordernden und rationalen Art –, die die entgegengesetzten Pole eines Ganzen darstellen, zwischen denen das Universum im Wechsel hin und her pendelt, und die natürliche Ordnung besteht in einem dynamischen Gleichgewicht zwischen Yin und Yang. Im wissenschaftlichen Zeitalter herrscht Yang vor, und das Gleichgewicht der Natur ist gestört, doch je näher wir an den Wendepunkt kommen, um in das Solarzeitalter einzutreten, um so näher sind wir der Epoche, in der Yin die Dominanz übernehmen wird, um das dynamische Gleichgewicht wieder herzustellen. Der Übergang geschieht nicht abrupt, sondern langsam, stufenlos, und hoffnungsvolle Anzeichen dafür sieht Capra auch bereits in der Politik, wo sich die Grünen Parteien als nichthierarchische, nichtbürokratische und gewaltlose Gruppen zu behaupten lernen. Seine Vision der neuen

Realität geht jedoch weit über die unmittelbare Sorge um Umweltbelastungen hinaus. Was er meint, ist eine universelle Sicht unserer Einheit mit dem Kosmos, in der Harmonie das Bindeglied ist.

Ähnliche Gedankengänge findet man auch bei anderen Autoren der letzten zehn Jahre. Der amerikanische Psychologe Carl Rogers berichtet in seinem Buch «A Way of Being» («Der neue Mensch»), dass mehr und mehr Menschen aus der rational und intellektuell betonten Welt ausbrechen und wieder ihre Empfindungen und Gefühle entdecken. Diese neuartige Selbsterfahrungstendenz sei keine moderne Pop-Psychologie, sondern ein ernsthaftes Bemühen um befriedigendere Werte, und Rogers bemerkt eine deutliche Abkehr von der Hörigkeit gegenüber überkommenen hierarchischen und industriellen Strukturen. Die Soziologin Marilyn Ferguson beobachtete den gleichen Trend. Ihr Anliegen ist es vor allem, eine Verbraucherhaltung aufzubauen, die den Bedürfnissen des Lebens gerecht wird und nicht denen der Hersteller dient. Die alten Spielregeln der Industriegesellschaft, durch die so mancher reich geworden ist, werden hinterfragt, sie haben offenbar ihre Wirkung verloren, und Alternativen werden gesucht. Man spricht vom Krieg der Sterne und ist noch nicht einmal in der Lage, mit dem Terrorismus auf der Erde fertig zu werden. In seinem Buch «Eco-Philosophy» schreibt Henryk Skolimovsky: «The meaning of life cannot be deduced from a set of economic calculations» («Der Sinn des Lebens kann doch nicht aus einer Wirtschaftlichkeitsberechnung hervorgehen») und sagt, wir müssen unser Eingebundensein in das Universum begreifen. Er sieht die Ursache unserer Probleme in unserem beharrlichen Streben nach materiellen Werten, die Lebensqualität höchstens vorgaukeln.

Der in England geborene Anthropologe Gregory Bateson drückt es in seinen Worten aus: «We must learn to think as Nature thinks» («Wir müssen denken lernen, wie die Natur denkt.»). Bateson, der nicht mehr lebt und mit der Anthropologin Margaret Mead verheiratet war, ist durch eine breite Palette wissenschaftlicher Bücher bekannt, die alle sein tiefes Verständnis der Natur reflektieren. Er postuliert, dass Geist und Natur nicht voneinander getrennten Kategorien angehören, sondern eine Manifestation ein und desselben Systems sind, das heisst, eine notwendige Einheit bilden. Er erforschte die vitalen Zusammenhänge alles Lebendigen und verurteilte unseren Hang, leichtgläubig alles Grössere auch für das Bessere zu halten, und beweist, dass in der Natur das Gegenteil gilt. Es sind die gleichen Gedanken, denen E. F. Schumacher nachging, und es ist ja auch nicht zu leugnen, dass die Dinosaurier ausgestorben sind. Bateson warnt eindringlich vor der Gewöhnung an Umweltschäden – da die meisten Veränderungen schleichend eintreten, nehmen wir sie nicht gleich wahr und werden uns ihrer Gefahr nicht bewusst. Er vergleicht unseren Zustand mit dem der Frösche, die auf Umweltsveränderungen besonders angepasst reagieren, und sagt, würde man einen Frosch in einen Topf mit kaltem Wasser setzen und die Wassertemperatur sehr langsam erhitzen, so bliebe er darin sitzen, selbst wenn das Wasser kocht.

Die beeindruckende Ökoliteraturliste hat jedoch auch eine leichtere Seite zu bieten, die erwähnt werden muss. So beeindruckte Ernest Callenbachs Zukunftsroman «Ecotopia» («Ökotopia»), der im Jahr 1999 inszeniert ist. Ein amerikanischer Journalist besucht als Zeitungsreporter ein imaginäres Land, Ökotopia, das sich 19 Jahre zuvor im Westen der USA selbständig gemacht hat. Seine Bewohner leben alternativ, nutzen nur alternative Technologien und wachen mit Argusaugen über ihre Umwelt. Autos sind in Ökotopia verbannt, dafür existiert eine umweltfreundliche Magnetbahn zwischen allen Ortschaften, und innerhalb der Städte gibt es jede Menge Fahrräder, die allen zur freien Verfügung stehen. Kunstfasern werden nicht hergestellt, und unser Reporter berichtet, wie wohl er sich in Baumwollhemden gefühlt hat. Niemand arbeitet länger als 20 Stunden in der Woche, dafür gibt es keine Arbeitslosigkeit. Kettenläden und Geschäftsmonopole sind abgeschafft, und die Petrochemie dominiert nicht mehr die Gesellschaft. Callenbachs Buch ist in verschiedene Sprachen übersetzt worden und hat als Bestseller eine breite, vor allem junge Leserschar mit den Ideen und Zielen der ökologischen Bewegung auf spielerische Art vertraut gemacht. In Amerika hat sich ein Ökotopia-Kult entwickelt, Enthusiasten haben eine Ökotopia-Fahne entworfen, Callenbach wurde vom Gouverneur von Kalifornien eingeladen, und Strassen und Schulen wurden nach seinem Buch benannt. Viele haben durch Ökotopia einen ersten Geschmack von einer neuen Realität bekommen, selbst wenn sie bisher nur in der Phantasie besteht.

Keine Phantasie dagegen ist der Bericht «Global 2000», den Expräsident Jimmy Carter 1977 beim Department of State in den USA in Auftrag gab. Die Untersuchungen sollten die Grundlagen für langfristige Planungen liefern und bezogen sich auf die voraussichtliche Entwicklung der Weltbevölkerungszahlen, die Rohstofflage und die Umweltsbedingungen am Ende unseres Jahrhunderts. Das Ergebnis ist ein 1100 Seiten langer Bericht, der weder philosophisch noch spekulativ ist, aber besonders bemerkenswert, weil er – obwohl von orthodoxen Wissenschaftlern des Establishments verfasst, die gewiss keinen Grund haben, ihre Messer zu wetzen – durch das pure Gewicht der beweisgültigen Tatsachen zu den gleichen Folgerungen kommt wie die vorher zitierten Ökodenker. In den begleitenden Zeilen an den Präsidenten heisst es: «... das Ergebnis ist beunruhigend, ... unsere Untersuchungen zeigen ein Potential für globale Probleme im Jahr 2000 in einem beängstigenden Ausmass. Die Umweltbedingungen, die Rohstofflage und die Bevölkerungszunahme werden die Qualität des menschlichen Lebens auf diesem Planeten erheblich einschränken. Diese Belastungen sind gegenwärtig bereits so gravierend, dass Millionen von Menschen ihre elementaren Bedürfnisse nach Wohnraum, Gesundheit und Arbeit nicht befriedigen können... doch die Kapazität der Erde, biologische Systeme für das menschliche Dasein zu liefern, nimmt ständig ab.»

Welches sind die Tatsachen, die solche düsteren Voraussagen rechtfertigen? Zusammengefasst sind es folgende: Im Jahr 2000 wird die Weltbevölkerung von den augenblicklichen 5000 Millionen auf 6350 Millionen angewachsen sein, 90% des Anstiegs wird in den ärmsten Ländern der Erde erfolgen. Die landwirtschaftlich nutzbare Bodenfläche wird dagegen nur um 4% zunehmen, so dass der erhöhte Nahrungsmittelbedarf aus höheren Ernteerträgen kommen muss. Diese hängen (nach konventioneller Denkweise) von den Erdöllieferungen ab, doch die Erdölförderungen werden voraussichtlich bereits in der letzten Dekade unseres Jahrhunderts ihre maximale Kapazität erreicht haben. Die Studie sagt voraus, dass es in den reichen Ländern vermutlich genügend Öl und Energiereserven geben wird, durch die weiter ansteigende Preisspirale aber werden die ärmeren Länder nicht in der Lage sein, ihre einfachsten Bedürfnisse zu decken. Für die 25% der Menschheit, denen Holz als Energieträger dient, sieht die Zukunft noch finsterer aus, denn es wird nicht mehr genug für alle geben. Die Wälder der Erde verschwinden in einer Rate von 18 bis 20 Millionen Hektar pro Jahr (eine Fläche, die etwa fünfmal so gross ist wie die Schweiz), und diese ausgedehnte Entwaldung bedeutet, dass die Wasserversorgung in vielen Dritte-Welt-Ländern zunehmend unzuverlässig und sporadisch wird. Viele landwirtschaftliche Flächen werden durch Bodenerosionen verlorengehen, und die Wüstenbedingungen greifen noch schneller um sich. Bereits heute wird eine Fläche von der doppelten Grösse der Schweiz jährlich in eine Wüstenlandschaft verwandelt.

Die Zunahme von Kohlendioxid in der Erdatmosphäre und der Abbau der Ozonschicht durch verschiedene Chemikalien wird weiter zur Erwärmung des Erdenklimas führen und zu damit zusammenhängenden ungünstigeren Lebensbedingungen auf diesem Planeten. Saurer Regen durch steigende Abgasmengen fossiler Brennstoffe, besonders Kohle, bedroht die Gewässer und Vegetation der Erde (und damit die Ernten). Pflanzen- und Tierarten werden in dramatischer Zahl aussterben, möglicherweise bis zu 20% aller noch augenblicklich lebenden Arten. Trotz besserer Gesundheitsvorsorge wird der Mensch durch die Zunahme der chemischen und radioaktiven Schadstoffe in seiner Umwelt vermehrt unter Gesundheitsschädigungen leiden. Und natürlich wird die Kluft zwischen den reichen und armen Ländern immer grösser.

Dies sind keine übereifrigen, mit schweren Vorurteilen beladene Prophezeiungen von langhaarigen Ökofreaks, die in ihre Kristallkugel schauen, sondern die Ergebnisse einer jahrelangen Untersuchung durch ein Team von Spezialisten, die zugeben, dass sie die Situation möglicherweise zu positiv beurteilt haben, weil die Auswertungsmethoden eine Tendenz zu optimistischer Sicht aufweisen. So gehen zum Beispiel Vorhersagen auf dem Nahrungsmittelsektor davon aus, dass genügend Energie und Kapital vorhanden seien, wohingegen diese Rücklagen bereits auf einem anderen Sektor (z. B. für die Beschaffung von Rohstoffen) verbraucht sein könnten.

Die einzige Hoffnung, zu der «Global 2000» berechtigt, basiert auf der Feststellung, dass diese Voraussagen davon ausgehen, es würde sich nichts an unserem Lebensstil in Hinsicht auf die Rohstoffausbeutung und die Umweltverschmutzung ändern. Wir müssen uns ändern – und zwar schnell! Das Fazit hätte E. F. Schumacher selbst schreiben können: «Sollten die Entscheidungen verzögert werden und die Probleme anwachsen, werden die Handlungsmöglichkeiten erheblich eingeschränkt. Es gibt keine schnellen Lösungen. Neue und ideenreiche Vorschläge und die Bereitschaft aller zum Handeln sind erforderlich.»

Es ist also die Stunde der Ökologen – ob Wissenschaftler, Landwirte oder Soziologen, alle sind aufgerufen.

In der Schweiz ist die Ökologie lebendig

Die Zeit ist längst vorbei, in der Ökologie nur ein Modewort war. In der Schweiz engagieren sich täglich Tausende von Menschen, um die ökologischen Prinzipien zu unterstützen und selbst danach zu leben. Einige davon wollen wir in diesem Kapitel näher betrachten, und das breite Spektrum, in dem sich ihre Aktivitäten abspielen, zeigt, dass der Angriff auf die konservativen Bastionen in der Tat auf breiter Front erfolgt. Wir wollen mit einem sehr fundamentalen Thema beginnen.

Der biologische Landbau

In der Schweiz gibt es über 130 000 landwirtschaftliche Betriebe, doch nur wenig mehr als 1000 – nicht einmal 1% – werden nach den Grundsätzen des biologischen Landbaus bewirtschaftet. Im Augenblick wechseln allerdings etwa 70 Betriebe pro Jahr zu biologischen Landbaumethoden über, während es vor 5 Jahren nur etwa 30 waren. Dabei handelt es sich nicht nur um eine bestimmte Grössenklasse von Betrieben – der durchschnittliche Schweizer Bauernhof hat 14,3 Hektar, und die Statistik zeigt, dass die Durchschnittsgrösse der biologisch wirtschaftenden Höfe ebenfalls 14,3 Hektar beträgt. In etwa 650 Fällen leben diese Bauern ausschliesslich von der Landwirtschaft und können sich durchaus im Wettbewerb mit ihren orthodoxen Kollegen messen. Sie schädigen aber nicht die Umwelt; sie sorgen für die Erhaltung der Bodenfruchtbarkeit; sie verbessern die Vitalkraft ihrer Herden, und die Nahrungsmittel, die von ihrem Hof stammen, sind schmackhaft und gesund.

Biologisch angebaute Produkte werden zunehmend gern vom Verbraucher gekauft, denn mehr und mehr Menschen erkennen ihren Wert. Skrupellose Händler allerdings auch, und die Geschäftemacherei mit den sogenannten «Bio-Produkten» ist allerorts gross. Jeder darf sein braungebackenes Brot «hausgemacht» nennen; ob es aus biologisch gewachsenem Getreide hergestellt wurde, weiss man deswegen noch nicht, und genausowenig sieht man einem Blumenkohl oder einer Tomate an, ob sie mit Stickstoffdünger aus den Plastiksäcken oder mit Kompost vom Hof gedüngt wurden.

Aber es gibt schon lange glaubwürdige Vertriebsorganisationen für biologisch gewachsene Produkte, wie Demeter oder Biofarm und Progana, deren Warenzeichen anerkannte Symbole für die Verlässlichkeit und Qualität ihrer Produkte darstellen. Sie sind alle bei der Schweizerischen Stiftung für biologischen Landbau registriert und bieten eine Garantie für ihr Versprechen. Die 1973 gegründete Stiftung hat ihren Sitz und ihre Versuchsanlagen bei Oberwil BL, 15 Tram-Minuten von Basel entfernt. Das dortige Forschungsinstitut wird von Dr. Henri Suter, einem Diplom-Agronomen, geleitet; mit ihm arbeiten dort etwa 16 Angestellte und mehrere Praktikanten. Den Besucher beeindruckt die bienenhausartige Aktivität, die dort herrscht, es ist ein Kommen und Gehen von vielen Personen mit unterschiedlichen Anliegen, daneben klingeln zahlreiche Telefone gleichzeitig, und man ist froh, wenn man sich aus dieser Geschäftigkeit in die sehr gut assortierte Bibliothek am anderen Ende des Gebäudes retten darf. Von hier aus hat man auch einen Ausblick auf die 5 Hektar grossen fruchtbaren Versuchsfelder hinter dem Haus – weitere 4 Hektar Landboden, der auch zum Institut gehört, liegen etwas weiter entfernt.

Dr. Suter beklagt, dass er 70% seiner Zeit darauf verwenden muss, Geld für die Stiftung zusammenzutrommeln. Die Forschung auf dem Gebiet der biologischen Landbaumethoden verschlingt eine beträchtliche Summe, im Jahr 1983 waren es 1 245 000 Franken. Das Geld kommt teilweise von privaten Förderern, teilweise von der Regierung und ausserdem von diversen Institutionen wie der Erwin-Braun-Gesellschaft für Präventivmedizin, dem Nationalfonds zur Förderung wissenschaftlicher Forschung, von Brot für die Welt und Deutsche Welthungerhilfe, um nur einige zu nennen. Ausser den laufenden Kosten und den Gehältern der Mitarbeiter werden davon die Forschungsprojekte finanziert, die vor allem darauf abgestellt sind, vergleichende Untersuchungen zwischen biologischen und konventionellen Methoden durchzuführen und neue Ideen auszuprobieren. Die Projekte sind breit gestreut und wechseln laufend, einige sind bereits durch ihren Namen erklärt, wie die Projekte «Hühnerfutter», «Pilzkrankheiten» und «Schnecken», andere lassen einen raten. So befasst sich das Projekt «Stallapotheke» mit der Zusammenstellung natürlicher vorbeugend und heilend wirkender Veterinärmittel; das Projekt «Klettgau» untersucht in einem geographisch abgegrenzten Raum die Vorteile der Mischkultur und Mischviehhaltung sowie angepasste landwirtschaftliche Produktionsweisen. Das Projekt «Bolivien» wird im Cochabamba-Tal in Bolivien durchgeführt und untersucht, inwiefern sich die traditionellen Landbaumethoden und die Fruchtbarkeit der Böden in einem Dritte-Welt-Land ohne Einsatz synthetischer Pestizide und Mineraldünger verbessern lassen. Eine Kompost verwendende Methangasanlage wurde gebaut, Komposte mit Rohphosphat angereichert, und die Anlage von Mischkulturen und Untersaaten wurde erprobt. Solche systematischen Untersuchungen über die Agrarbaumethoden und Möglichkeiten in Ländern der Dritten Welt sind äusserst wertvoll und förderlich für biologische Projekte in anderen Entwicklungsländern.

Das Institut unterhält auch einen ausgedehnten und viel gefragten Beratungsdienst und ist jeder Zeit bereit, den Bauern zu helfen, die von der konventionellen zur biologischen Landbauweise wechseln möchten. Das ist keine einfache Aufgabe, denn, wie erwähnt, nimmt die Zahl der Interessenten von Jahr zu Jahr zu, und der Prozess der Umstellung beansprucht 2 bis 3 Jahre, während denen man den Landwirten zur Seite stehen muss, um einen möglichst glatten Übergang zu ermöglichen.

Die praktische Institutsarbeit wird ergänzt durch ein vierzehntägig erscheinendes Journal, «z. B. – zum Beispiel», das im Erscheinungsjahr 1983 mit einer Auflagenhöhe von 3500 Kopien begann und inzwischen auf 5500 angestiegen ist. Die Abonnenten wohnen nicht nur in der Schweiz, sondern auch in Deutschland, in Österreich und in Übersee. In jeder Ausgabe steht neben den Nachrichten über die Institutsarbeit ein anderes Leitthema im Vordergrund. Im vergangenen Jahr war auch eines der Themen «Bio-Kontrolle». Darin wurde den Lesern erklärt, wie das Institut seine Kontrollfunktion über die auf dem Markt erscheinenden und als biologisch ausgegebenen Produkte ausübt und welche Richtlinien eingehalten werden müssen, bevor die Schutzmarke des biologischen Landbaus – eine Orientierungshilfe für den Konsumenten – vergeben wird. Sie gilt als Garantie, dass das Produkt aus biologischem Landbau stammt, der regelmässig kontrolliert wird.

Die Schweizerische Stiftung zur Förderung des biologischen Landbaus ist eine segensreiche Einrichtung und hat bereits viele Bio-Bauern und Bio-Gärtner ermutigt und sie bei den ersten Schritten zur biologischen Landbauweise unterstützt, wenn sie sich mutig und oft mit erstaunlicher Originalität von der Abhängigkeit von künstlichem Dünger und giftigen Sprühnebeln freikämpfen.

Die Topinambur-Genossenschaft

Ein Beispiel für solche Originalität ist Ruedi Badertscher. Er begann seine Karriere als Tiefbauingenieur, bevor er sich für die ökologischen Ideen interessierte und sich entschloss, eine biologische Gemüsegärtnerei zu eröffnen. Trotz familiärer Verpflichtungen für seine Frau und zwei Kinder gab er seinen Beruf auf und absolvierte eine Berufsausbildung als Gemüsegärtner. Heute unterhält er in Dällikon bei Zürich einen Marktgarten auf Genossenschaftsbasis. Die Familie wohnt in der (wie es scheint namensmässig ausgesuchten) Grundacherstrasse, wo Sibyll Badertscher aus frischen Eigenprodukten sehr wohlschmeckende Mahlzeiten bereitet. Ruedi bebaut seine in der Nähe gelegene 1,6 Hektar grosse Gärtnerei mit Hilfe von etwa vier Genossenschaftsmitarbeitern. Wer von den Konsumenten kann, arbeitet wenigstens einen Tag im Jahr auf den Gemüsefeldern mit. Durch geschickte Planung und unter Ausnützung von Gewächshäusern ist die Genossenschaft in der Lage, das ganze Jahr hindurch ausgezeichnetes Gemüse zu produzieren – über 45 Sorten zusätzlich zu verschiedenen Küchenkräutern.

Ausser Gemüse liefert er auch frische, unbehandelte Milch und im Holzofen gebackene Vollkornbrote ohne chemische Zusätze. Der Genossenschaft eigen ist auch ihr Bedarfs- und Kostendeckungssystem. Die Konsumenten können beim Gemüse wünschen, was sie gerne kaufen möchten – nach ihren Wünschen wird der Anbauplan gestaltet. Angebaut wird nach der bio-organischen Anbaumethode. Alle Konsumenten erhalten wöchentlich den gleichen Gemüsesack.

Die Löhne der durch die Saison auf der Gärtnerei Arbeitenden werden gemeinsam in der Genossenschaft festgelegt. Am Ende der Saison wird gemeinsam abgerechnet und die Produktionskosten durch die Konsumenten abgedeckt. Der Preis des Gemüses richtet sich also nicht nach den mit zerstörerischen Produktionsmethoden und Überangebot entstandenen Marktpreisen.

Zweimal Ja!

Um eine ganz andere Art des Engagements geht es, wenn von Atomkraftwerken die Rede ist – es ist der Kampf gegen sie. Aus ökologischer Sicht ist es nicht nur unverständlich, sondern geradezu ein Wahnsinn, zu Energiezwecken die gefährliche Atomkernkraft anzuzapfen. Dennoch gibt es bereits vier Kernkraftwerke in der Schweiz – alle im nördlichen Teil des Landes –, und dadurch steht sie mit an oberster Stelle auf der Liste der Atomenergieproduzenten.

Bereits 1945, kurz nach dem Krieg, begann man in der Schweiz über die Ausnutzung der Kernkraft zu Energiezwecken nachzudenken, und es wurde die Studienkommission für Atomenergie gegründet. Damals bezog die Schweiz 50% ihrer Energie aus Kohle, 12% aus Öl, hydroelektrische Kraftwerke lieferten 25% und der Rest wurde durch Holz abgedeckt. Da also die Energieversorgung zu 62% auf importierten Produkten beruhte, war es für die Befürworter der Kernkraftproduktion im eigenen Land leicht zu argumentieren. Sie hatten die Schweizer Industrien und mehrere Wissenschaftler auf ihrer Seite, und wenn sie nicht gleich erfolgreich waren, so lag es daran, dass die USA, England und Frankreich ihr Uranmonopol zunächst noch sorgsam hüteten. 1957 begann der erste Schweizer Kernreaktor seine Produktion, und seither hat sich diese Industrie ständig erweitert.

Mitte der sechziger Jahre, als die ökologische Bewegung stärker wurde, hörte man die ersten lauten Proteststimmen, doch organisierten Widerstand gibt es erst seit 1973, als 1000 Menschen in Olten gegen das geplante Werk in Gösgen demonstrierten und für eine Petition 16 000 Unterschriften sammelten. 1974 begannen die Kampagnen von Dorf zu Dorf, und 13 000 Unterschriften wurden gegen den Kraftwerkbau in Kaiseraugst abgegeben. 1975 wurden die Bauarbeiten in Kaiseraugst durch eine elfwöchige Besetzung des Baugeländes durch die lokale Bevölkerung gestoppt. Im folgenden Jahr traten 18 000 Demonstranten in Bern auf, und es wurde allen klar, dass die Front gegen das Schweizer Nuklearprogramm an Stabilität gewonnen hatte. Die Zeit war reif, die öffentliche Meinung durch ein Referendum zu befragen. Es wurden 120 000 Unterschriften für die Volksinitiative zum Schutz vor Atomkraftwerken gesammelt, und 1979 kam es zur Abstimmung. Mit einer knappen Mehrheit wurde die Initiative zu Fall gebracht, 51% votierten für «Nein», und die Initiative ist seither als «Jein-Initiative» bekannt.

Sieben Wochen später kam es zu dem schweren Reaktorunfall in Harrisburg, USA. Die Gefahr, die von Kernkraftwerken ausgeht, lag nun klar auf der Hand, und weltweite Besorgnis breitete sich aus. Wäre die Abstimmung zur Atomschutzinitiative jetzt erfolgt, so hätte das Ergebnis zweifellos anders ausgesehen. Dadurch ermutigt, bereiteten die Kernkraftgegner zwei neue Initiativen vor, die diesmal getrennt vorgelegt wurden. Die Bevölkerung sollte zu den beiden folgenden Fragen ja sagen:

1. für eine Zukunft ohne weitere Atomkraftwerke

2. für eine sichere, sparsame und umweltgerechte Energieversorgung.

Man ging davon aus, dass keiner mehr nach Harrisburg an das Märchen von der sauberen, sicheren und billigen Atomenergie glaubte und dass die früheren Argumente für die Atomtechnologie überholt seien. Durch die Energieinitiative sollte ein echtes Umdenken in der Energiepolitik gefördert werden. Die Unterschriftensammlung (137 000 und 117 000) war nur eine Sache der Organisation, wenn sie auch harte Arbeit darstellte. Der Aufklärungsfeldzug stand unter dem Motto «Zweimal Ja!». Er wurde mit Ausdauer und phantasievollen Aktionen geführt, doch als es endlich im September 1984 zur Abstimmung kam, wurden beide Vorschläge abgelehnt. In den Kreisen der Umweltschützer war man zunächst sehr betroffen, doch da das Abstimmungsergebnis wieder sehr knapp war – 55% Nein-Stimmen, 45% Ja-Stimmen – ist es gewiss berechtigt, davon auszugehen, dass Pläne für weitere Atomkraftwerke in der Schweiz keine grossen Chancen haben. Das Problem der radioaktiven Abfallstoffe wird immer wieder von den Medien aufgegriffen, wenn es zu Schwierigkeiten und bedrohlichen Ereignissen diesseits oder jenseits des Atlantiks kommt, und diese Nachrichten untergraben mehr und mehr das Vertrauen der Öffentlichkeit in die Weisheit der Atomenergienutzung. Nachrichten über die jüngsten Aufdeckungen der erschreckenden Auswirkungen von britischen Atombombenversuchen in Australien in den fünfziger Jahren genauso wie über die beharrliche Opposition gegen jede Art atomare Politik im gesamten Südpazifik werden nicht ohne Einfluss bleiben und schliesslich auch die Europäer zu intensiverem Nachdenken anregen.

Es ist unwahrscheinlich, dass sich die Schweiz in eine stärkere Abhängigkeit von Atomenergie bringen wird, obgleich eine beeindruckende Zahl von Persönlichkeiten aus dem öffentlichen und industriellen Leben noch dafür eintritt. Die Bürger beginnen langsam zu verstehen, dass sich ein Unglück, wie bei Union Carbide in Indien im Dezember 1984, in einem Atomkraftwerk wiederholen könnte. Allen beruhigenden Versicherungen der sogenannten Experten zum Trotz ist anzunehmen, dass die beiden Fragen der letzten Initiative von den Schweizern in 5 Jahren mit zweimal Ja beantwortet werden.

Dritte-Welt-Läden und OS3

Während man in den Industrieländern darüber debattiert, ob man die Elektrizität für die bis zum Rand gefüllte Tiefkühltruhe mit Hilfe von Atomkernkraft oder lieber mit Kohle gewinnen soll, haben die Menschen in der Dritten Welt noch unmittelbarere Probleme. Sie haben ihr Saatgut längst aufgegessen, und viele in Äthiopien oder Angola fragen sich, ob ihre Kinder die nächste Nacht noch überleben werden. Oft ist die Wirtschaft in der Dritten Welt zum Erliegen gekommen, weil alles von einer Ernte abhängt, zum Beispiel vom Zucker, und wenn auf dem Weltmarkt Überfluss herrscht und der Preis gedrückt wird, bleibt kein Gewinn für die Investitionen des nächsten Jahres. Andere Staaten werden von Guerillakämpfen zwischen zwei entgegengesetzten Ideologien zerrieben, und Landbau und Handel kommen zum Stillstand. Extreme klimatische Bedingungen können zu Katastrophen führen, die eine Kette von Schwierigkeiten und Leiden zur Folge haben, wie die Dürre in der Sahel-Region in Afrika seit zehn Jahren. Manchmal geht auch nur die Nachfrage nach einem Wirtschaftsartikel auf dem Weltmarkt zurück, weil man für ihn synthetische Ersatzstoffe entwickelt hat, wie Plastik, was in vielen Bereichen die Jutefasern ersetzt hat, das einzige Exportprodukt von Bangladesh.

Es sind Probleme, die nur gelöst werden können, wenn man sie an den Wurzeln anpackt – und das müssen die Reichen der Erde tun. Dennoch kann jeder auch im Augenblick etwas dazu beitragen, die Not zu lindern, wenn man in einem der Dritte-Welt-Läden einkauft. In der Schweiz findet man sie überall, mehr als 400 an der Zahl. Sie werden von OS 3 beliefert, der «Organisation Suisse tiers monde».

OS 3 ist keine normale Importgesellschaft. Sie hat die rechtliche Form einer Genossenschaft aus 16 Mitgliederorganisationen und ist nicht am eigenen Profit interessiert, sondern nur an dem der Menschen, von denen sie kaufen. Ihr Motto ist in vier Worten ausgedrückt und beschreibt die Zielsetzung: «Arbeit – Gerechtigkeit – Umwelt – Entwicklung.» Arbeit gibt den Unterprivilegierten etwas von ihrer Würde zurück und nimmt ihnen die totale Hoffnungslosigkeit. Selbstversorgung ist eine Voraussetzung, um Selbstbewusstsein und Unabhängigkeit zu erreichen. Für Menschen aus den Industrieländern, die ein arbeitsreiches und von Gütern gesegnetes Leben führen, ist es kaum nachzuempfinden, was es bedeutet, ein trostloses Dasein in den vergessenen Ecken der Dritten Welt zu fristen. Für 70 Männer und Frauen aus Soweto, der schwarzen

Arbeitersiedlung südlich von Johannesburg, sind Organisationen wie OS 3 ein Lichtblick. Seit 1977 stellen sie in den Räumen einer anglikanischen Kirche mit einfachsten Mitteln Kerzen für den Eigengebrauch her. Einfache Kerzen sind in Soweto eine Notwendigkeit, denn 80% der Wohnbereiche haben keine Elektrizität. Seit 1978 werden auch gezogene und gegossene Kerzen nach Europa exportiert, wo man einen angemessenen Preis für die Arbeit erzielen kann. In Soweto wohnen 1,25 Millionen Schwarze, eigentlich nur, um den Weissen in Johannesburg zu dienen. Sie müssen täglich eine lange Busreise in die Stadt unternehmen, in der sie nicht wohnen dürfen, und die Fahrpreise sind teuer und die Arbeitszeit ist lang, was bedeutet, dass die Familien wenig Zeit gemeinsam verbringen können. Ukukhanya, das heisst auf Deutsch: «Zündet ein Licht an!» – so nennen die Mitarbeiter der Kerzenwerkstatt ihr Selbsthilfeprojekt, das ihnen geregelte, gerechte und lohnende Arbeitsbedingungen bietet als Angestellte ihrer eigenen Gesellschaft. Es hat ihnen nicht nur materielle Unabhängigkeit gebracht, es hat ihnen vor allem ein Selbstwertgefühl gegeben.

Deshalb ist Arbeit wichtig, aber auch Gerechtigkeit. OS 3 setzt sich dafür ein, dass alle Arbeiter, deren Produkte gekauft werden, ihren gerechten Lohn erhalten. Das klingt für unsere Ohren selbstverständlich, aber in den Ländern der Dritten Welt bestehen teilweise Traditionen des Übervorteiltwerdens, die fraglos hingenommen werden. So wurden die Unberührbaren in Indien schon immer ausgenutzt und nicht richtig entlohnt. Nachdem sich nun verschiedene Entwicklungshilfe-Organisationen um sie bemühen, sie unterrichten und ihnen nicht nur handwerkliche Tätigkeiten wie Nähen und Sticken beibringen, sondern ihnen auch helfen, Kooperativen zu gründen, kann OS 3 ihre Produkte für den Verkauf in der Schweiz abnehmen und ihnen durch gerechte Entlöhnung beweisen, was ihre Arbeit wert ist.

Die Umwelt soll durch die Produkte, für die sich OS 3 einsetzt, nicht belastet werden, und Juteartikel aus Bangladesh sind umweltfreundlich. Es sind etwa 400 verschiedene Gebrauchs- und Ziergegenstände, die von den Frauen in abgelegenen Dörfern genäht, geflochten oder geknüpft werden und ihnen eine Verdienstmöglichkeit geben. Ähnlich ist es mit den hübschen Kannen und Schüsseln, die von mexikanischen Töpfern hergestellt werden. Wenn benachteiligten Menschen Arbeit und gerechter Lohn geboten wird und die Umwelt dabei heil bleibt, kann man wohl von positiver Entwicklung auf unserer Erde sprechen. OS 3 hat seinen Sitz in Sonceboz, wo 12 Mitarbeiter den Ankauf von den über 40 Selbsthilfegruppen oder

Kooperativen aus den Entwicklungsländern tätigen und die Verteilung an die hiesigen Abnehmer – Dritte-Welt-Läden oder spontane Aktionsgruppen, die alle auf freiwilliger Basis arbeiten – vornehmen. Die Artikel sind nicht nur schön, solide und nützlich, sondern auch umweltfreundlich; sie sollen auch als Informationsträger anderer Kulturen verstanden werden und zur Annäherung der Menschen auf dieser Erde beitragen. So ist ein Dritte-Welt-Laden eine Augenweide in der bunten Vielfalt seiner Angebote. Die Kerzen aus Südafrika liegen vielleicht in Körben aus Bananenstaudenblättern, die in Ruanda gewachsen sind. Der Kaffee aus Tansania oder Nicaragua steht neben dem Tee aus Sri Lanka, während die Cashew-Nüsse aus Moçambique in mexikanischen Glasschälchen angeboten werden. Es gibt Ponchos aus Bolivien, Handtaschen aus Brasilien, Pullover und Flöten aus Peru und Ecuador, bestickte Blusen und handgewebte Baumwolldecken, Bürsten, Pinsel und Räucherstäbchen aus Indien – und damit ist noch nicht einmal die Hälfte der angebotenen Waren aufgezählt. Dennoch ist OS 3 bestrebt, die Liste zu verlängern, um noch mehr Menschen, die am Rande stehen, in den Kreis derer zu bringen, die sich umeinander bemühen.

Die Nestlé-Affäre

Die Multis haben den Ruf, allmächtig zu sein, daher geschieht es selten, dass ihnen jemand ernsthaft die Stirn bietet. Doch die «Arbeitsgruppe Dritte Welt» in Bern nahm es mit Nestlé, dem grössten Hersteller von Babynahrungsmitteln in der Schweiz, auf und zwang ihn in einem mehrere Jahre dauernden Kampf, sich endlich an ethische Regeln bei der Werbung für Flaschennahrung zu halten.

Bekanntlich ist Muttermilch die bequemste und – normalerweise – von Natur her auch die beste Nahrung für Babies. Sie braucht weder gemischt noch erhitzt noch sterilisiert zu werden, sie ist gegebenenfalls zu jeder Stunde präsent und kommt nicht in zerbrechlichen Behältern. Warum sollte man bei diesem Naturgeschenk auf Milchprodukte der Industrie zurückgreifen? Leider gibt es Mütter, die ihr Kind aus verschiedenerlei Gründen nicht nähren können, und in solchen Fällen ist man sehr dankbar, für diese Kinder eine moderne, steril verpackte und hygienisch schnell anwendbare Ersatznahrung zur Verfügung zu haben. In den Ländern der Dritten Welt sind nur knapp 5% aller Mütter nicht in der Lage, ihre Kinder zu stillen. Doch der Verkauf von Flaschennahrung ist inzwischen zu einem sehr viel umfangreicheren Geschäft geworden.

Millionen arbeitsloser Familien füllen die Slums und Armenviertel am Rande der Grossstädte in Amerika, Afrika und Asien, und in den Städten sind die oft sehr unerfahrenen jungen Mütter auf einmal allen möglichen Werbesprüchen der Industrie ausgeliefert. Leichtgläubig empfinden sie es bald als rückständig und altmodisch, ihr Baby an die Brust zu legen, und wer Arbeit gefunden hat, dem bleibt ja auch nicht mehr die Zeit dazu. Das städtische Leben in den Ländern der Dritten Welt wird stark beeinflusst vom Gedankengut und Lebensstil der westlichen Industrienationen, bei denen die Mutterbrust längst nur noch Sexsymbol ist und kaum noch als nahrungsspendendes Organ erkannt wird. Die Marktchancen für Babynahrung sind in den kinderreichen unterentwickelten Ländern dementsprechend günstig und werden von den Multis gern ausgenützt. Grosse Plakate zeigen glücklich lächelnde Mütter, die ihren pausbäckigen Babies die Flasche geben, und das Vertrauen der jungen Käuferinnen wird durch medizinisch kompetent erscheinendes Verkaufspersonal gewonnen, es wurden sogar kostenlose Muster der Milchprodukte von jungen Verkaufsdamen in Krankenschwesterntracht verteilt.

In den sechziger Jahren gab es die ersten Kritiker, die auf die Gefahren der Aufbereitung von Babynahrung unter den oft primitiven Verhältnissen in unterentwickelten Regionen hinwiesen. Oftmals wurde Milchpulver mit verunreinigtem Wasser angerührt und die Milch in offenen Behältern über offenem Feuer erhitzt, in vielen Fällen fehlte jede Voraussetzung für die einfachsten hygienischen Massnahmen. Die Folge war eine hohe Rate von Infektionskrankheiten, und da die Kinder die sonst durch die Muttermilch aufgebauten Resistenzen gegen gewisse Krankheiten auch nicht hatten, kam es auch zu Todesfolgen.

Die volle Tragweite der Situation wurde 1974 durch Mike Muller, einen englischen Journalisten, bekannt. Er schrieb einen Situationsbericht unter der Überschrift «The Baby Killer», in dem er die Verkaufspraktiken der Babynahrungsmittelfirmen in der Dritten Welt darlegte. In der Schweiz interessierte sich nun die «Arbeitsgruppe Dritte Welt» für die Verkaufstaktik der Firma Nestlé auf diesem Gebiet und übersetzte Mullers Artikel ins Deutsche. Jetzt hiess es «Nestlé tötet Babys», was die Firma natürlich herausforderte, und sie ging vor Gericht. In den folgenden Auseinandersetzungen erhielt die Angelegenheit in den Schweizer Medien höchste Publizität, wobei beide Parteien ausführlich zu Wort kamen. Dabei betonten die Hersteller wiederholt, dass sie bei ihren Verkaufspraktiken zunächst den Aktionären gegenüber verpflichtet seien und deren Umsatzerwartungen zu erfüllen hätten; ihr «soziales Gewissen» müsste sich diesen Forderungen unterordnen.

Die grösseren Hersteller von Babynahrungsmitteln entschlossen sich im Sinne einer Flucht nach vorn, ethische Grundregeln für ihre Produktwerbung aufzustellen, die die «Arbeitsgruppe Dritte Welt» allerdings zur Debatte stellte, bis sich die Weltgesundheitsorganisation (WHO) der Angelegenheiten annahm und die Hersteller ermahnte, irreführende Werbung zu unterlassen.

Später riefen auch die Kirchen in Europa und Amerika genauso wie andere Weltorganisationen zum Boykott der Nestlé-Produkte auf, und um die Kampagne wirkungsvoll führen zu können, wurde «International Baby Food Action Network» (IBFAN) gegründet. 1976 kam Nestlés Verleumdungsklage zur Anhörung vor das Schweizer Gericht, und die dreizehn Mitglieder der «Arbeitsgruppe Dritte Welt» wurde zur Zahlung einer nominellen Strafe von je 300 Franken verurteilt. Der Richter ermahnte Nestlé gleichzeitig, ihre Produktwerbung gründlich zu überdenken. Schliesslich machte sich 1978 ein Boykott der Nestlé-Produkte in den USA bemerkbar, und die Firma erbot sich, mit ihren Kritikern zu reden. Nachdem die WHO 1981 internationale Richtlinien für Marktpraktiken herausgab, die sie allen Mitgliedern empfahl, entschloss sich Nestlé endlich im Januar 1984, diese offiziell auch anzuerkennen. In vielen Ländern der Dritten Welt sind diese Richtlinien inzwischen in die staatlichen Gesetze inkorporiert worden, in den Ländern Westeuropas hat man sich allerdings wenig darum gekümmert, doch sind hier die Marktpraktiken in jedem Fall auch anderen Regulativen unterworfen. Wichtig ist, dass man in den Ländern, wo der Verkauf der Babynahrungsmittel fehlgeleitet war, von einer echten Verbesserung der Situation sprechen kann, so dass im Oktober 1984 in den USA auch der Boykott gegen die Nestlé-Produkte beendet werden konnte. IBFAN ist jedoch weiterhin wachsam und konzentriert ihre Aktionen auf andere Hersteller von Babynahrungsmittel wie Cow & Gate, Milupa, Abbott Ross und Wyeth. Die Initiatoren dieses weltweiten Widerstandes gegen zweifelhafte Marktpraktiken der Multis waren die Schweizer in Bern – Die «Arbeitsgruppe Dritte Welt» –, die den Weg zeigten und sich nicht vor den Riesen fürchteten.

Verkehrs-Club der Schweiz

Das Auto hat uns Menschen beinahe überholt!

In der Schweiz ist es zu 50% an der Luftverschmutzung beteiligt und zu 80% an der Lärmbelastung, und 46% der tödlichen Unfälle gehen auf sein Konto. Der Strassenverkehr verschlingt 25% des gesamten Energiebedarfs der Schweiz – 25% die importiert werden müssen! –, und das Strassennetz, das hauptsächlich zum Nutzen der Autos und Lastwagen entwickelt wurde, bedeckt heute eine Fläche, die so gross ist wie die Kantone Zug und Schaffhausen zusammen. In der Schweiz sterben jährlich 1000 Personen als Folge von Strassenunfällen, und über 3000 werden schwer verletzt. In den Industrieländern sterben jährlich eine Viertelmillion Menschen den Verkehrstod – seit das Auto erfunden wurde, waren es 25 Millionen, etwa die Bevölkerung von Kanada. Die Kosten, die jährlich für den Bau und für die Erhaltung von Strassen anfallen, sind enorm: Ohne den Landkaufspreis, muss man für den Bau eines Quadratmeters Hauptstrasse 250 Franken bezahlen und für seinen Unterhalt 2,50 Franken. Autobahnen kosten das Vierfache und der Unterhalt 3,50 Franken jährlich, eine Tunnelstrasse verschlingt sogar 2000 Franken bzw. 15 Franken pro Quadratmeter. Erhöht angelegte Stadtautobahnen, die sich an den Häusern vorbeischlängeln, sind noch teurer und beeinträchtigen erheblich die Lebensqualität in der Stadt, weil von ihnen noch mehr Abgase, Lärm und Staub in die Wohnungen dringen. Es mag übertrieben scheinen, die Kosten, die unser Leben, unseren Haushalt und unsere Gesundheit durch die Existenz des Autos belasten, so aufzulisten, aber es ist sicher nötig, dass wir einmal über den Strassenverkehr nachdenken und erkennen, dass er unser erster Umweltfeind ist.

Warum ist das Auto dennoch des modernen Bürgers liebstes Kind, und warum sind so viele Menschen bereit, grosse Opfer zu bringen, um ein eigenes Auto zu besitzen? Die Gründe sind vielfältig und werden individuell unterschiedlich betont, sicher spielen mehr persönliche Beweglichkeit, Unabhängigkeit und Zeitersparnis bei Fahrten im eigenen Auto eine Rolle, ausserdem Bequemlichkeit und, nicht zu vergessen, das Statussymbol oder auch Symbol für Freiheit und Kraft. Hinter dem Lenkrad kann der Fahrer seine Aggressionen und Frustrationen loswerden, und für viele, besonders junge Leute, bedeutet das Geschwindigkeitserlebnis etwas Wunderbares.

Das rapide Wirtschafts- und Wohlstandswachstum ist auch in der Schweiz für die Verkehrsentwicklung der Nachkriegsjahre verantwortlich. 1950 reisten noch über 50% aller Schweizer mit den öffentlichen Verkehrsmitteln, und nur 48% der Reisen wurden mit dem Auto unternommen. Heute sind es nur noch 12%, die für einen Ortswechsel ein öffentliches Verkehrsmittel benutzen, alle anderen fahren mit dem Auto. Bedenkt man weiterhin, dass ein Grossteil des Fernlastverkehrs von der Bahn auf die Strasse verlegt wurde, so ist es nicht verwunderlich, dass der Strassenverkehr um ein Zehnfaches dichter geworden ist. Das zusätzliche Strassennetz, das seither gebaut werden musste, haben die Schweizer mit der Initiative vom Juli 1958 selbst sanktioniert. Als das Projekt des Autobahnbaues den Stimmbürgern vorgelegt wurde, stimmten 515 000 dafür und nur 91 000 dagegen. Zwanzig Jahre später lässt sich ein gewisses Unbehagen bei der Bevölkerung über die weitere Strassenentwicklung nicht übersehen, sonst wären nicht 100 000 Unterschriften abgegeben worden, die die Initiative «Demokratie im Nationalstrassenbau», die «Albatros-Initiative» (gegen Luftverschmutzung durch Motorfahrzeuge) und die «Burgdorfer Initiative» (für zwölf motorfahrzeugfreie Sonntage pro Jahr) unterstützten. Sie wurden zwar alle drei abgelehnt, doch kam bei diesen Abstimmungen deutlich zum Ausdruck, dass es eine grosse Zahl Menschen gibt, die nicht mehr gewillt sind, die bisherige Verkehrspolitik unwidersprochen hinzunehmen.

Vor diesem Hintergrund entstand 1979 in Herzogenbuchsee der Verkehrs-Club der Schweiz (VCS), um «den Menschen und die Natur gegen die Auswüchse des Verkehrs in Schutz zu nehmen». Dabei vertritt er nicht die Interessen einer bestimmten Gruppe von Verkehrsteilnehmern, wie es zum Beispiel die Automobilclubs tun, sondern er stellt «den Menschen, seine Sicherheit und seine Gesundheit und die Erhaltung einer natürlichen Umwelt in den Mittelpunkt» (Auszug aus dem Communiqué vom 29. Mai 1979). Niemand ist nur ein Autofahrer. Selbst in den autobeherrschten achtziger Jahren fährt jeder ab und zu einmal mit einem öffentlichen Verkehrsmittel, mit dem Fahrrad oder er geht sogar zu Fuss; dennoch haben sich die Schweizer Verkehrsbehörden hauptsächlich für den Motorverkehr eingesetzt. Die neuen Initiativen des VCS beziehen alle Verkehrsteilnehmer und auch die Umwelt in ihre Bemühungen ein. Der Club hat innerhalb weniger Jahre einen Zulauf von 50 000 Mitgliedern erhalten, und sie bezeichnen sich selbst als die «grünen Alternativen». Zusätzlich zu den auch von anderen Automobilclubs angebotenen Leistungen bietet der VCS auch eine Unfallversicherung für Fussgänger, Radfahrer und für Reisende der öffentlichen Verkehrsmittel an. Gleichzeitig setzt er sich für die

Belange der älteren Menschen, der Behinderten und der Kinder im Verkehr ein («Nid so gschwind – dänk a d Chind»), also für ein gleichwertiges Nebeneinander der verschiedenen Verkehrsteilnehmer. Ein zukunftsgerichtetes Verkehrsdenken soll vor vorschnellem weiterem Autobahnausbau bewahren, ausserdem propagiert der VCS, den öffentlichen Verkehrsmitteln wieder zu mehr Bedeutung zu verhelfen, damit sie nicht nur Lückenbüsser sind, wenn das eigene Auto ausfällt. Auch für eine bessere Planung bei zukünftigen Wohn- und Arbeitsplätzen setzt sich der Club ein, um nicht mehr so viele, nur von einer Person besetzte Autos zu Spitzenstosszeiten auf den Strassen zu haben. Die Vorteile und auch das Vergnügen, mit dem Fahrrad zu fahren oder gar zu Fuss zu gehen, sollten wieder entdeckt werden – man darf nicht vergessen, dass 40% aller Autofahrten nachweislich kürzer als 3 km sind, und zehn Fahrräder können auf der Stellfläche von einem Auto geparkt werden.

Der VCS hat ein 300 Seiten dickes Buch herausgegeben, «Das umweltgerechte Verkehrsleitbild der Schweiz», in dem mit Hilfe von Statistiken, Diagrammen und Fotografien konstruktive Kritik an der augenblicklichen Verkehrspolitik geübt wird, in dem aber auch sehr viele Gedanken und Vorschläge enthalten sind, um die diskutierten Probleme praktisch anzugehen und zu bewältigen.

Frauen

Die Frauen sollen das letzte Wort in diesem Kapitel haben, weil es ihnen nun offenbar zusteht. Als Margaret Thatcher Regierungschefin in England wurde, nahm das die Welt gelassen hin, denn obwohl der weibliche Einfluss im englischen Parlament nicht sehr auffällig ist, gab es bereits zahlreiche Frauen, die seit der Nachkriegszeit eine grössere oder kleinere Rolle in der Regierung gespielt haben. Als jedoch Elisabeth Kopp in den Schweizer Bundesrat gewählt wurde, machte das weit über die Schweiz hinaus Schlagzeilen in der Weltpresse. Elisabeth Kopp ist die erste Frau, die in den sieben Mitglieder starken Schweizer Bundesrat gewählt wurde, und zwar mit 124 von 241 Stimmen. Innerhalb der nächsten sieben Jahre wird es also in der Schweiz eine Bundespräsidentin geben. Dabei ist jedem in Erinnerung, dass die Frauen in der Schweiz erst im Jahr 1971 die Wahlberechtigung in eidgenössischen Angelegenheiten erhielten – Jahrzehnte nach ihren europäischen Schwestern – um so bewundernswerter ist der schnelle Weg von Frau Elisabeth Kopp zur Spitze.

Sie ist 47 Jahre alt, verheiratet, und wurde schon 1979 als Mitglied der eher konservativen Freisinnig demokratischen Partei in den Nationalrat gewählt. Aber so konservativ kann sie nicht sein, denn sie unterstützt Anliegen der Frauen- und Umweltpolitik, die bei einigen ihrer Parteifreunde unpopulär sind. Sie ist eine Repräsentantin der aufgeschlossenen, aber kritisch denkenden, aktiven Schweizer Frauen, die man immer häufiger in der politischen Szene antrifft. So spielten die Frauen eine grosse Rolle, als im Oktober 1983 im Kanton Zürich acht grosse Umweltschutz-Organisationen eine gemeinsame Wahlempfehlung für den Nationalrat beschlossen und sechs der zweiundzwanzig Kandidaten auf der sogenannten «Umweltliste» Frauen aus verschiedenen Parteien waren, die alle mit grünen Interessen sympathisierten.

Im Dezember 1984 gewann Gret Haller, eine 37jährige Rechtsanwältin und Verfechterin von Frauenfragen, bei den Wahlen für den Berner Stadtrat einen Sitz für die Sozialdemokraten. In ihrem Buch «Frauen und Männer – die Zukunft der Gleichberechtigung» untersucht sie die tieferen Ursachen für die weitverbreitete scharfe Trennung der Welt in männliche und weibliche Werte und entwikkelt den Gedanken, dass die Voraussetzung für eine komplementäre Zusammenführung beider Seiten die finanzielle Unabhängigkeit von Mann und Frau ist – die Frau darf nicht vom Geld des Mannes abhängen, der Mann muss aus seiner Alleinernährerposition entlassen werden. Darüber hinaus müssten aber auch beiden Geschlechtern im «unwirtschaftlichen Bereich» gleiche Zugeständnisse gemacht werden; es muss selbstverständlich sein, dass es «Männer mit Herz» und «Frauen mit Verstand» gibt, nicht nur wie bisher «Männer mit Verstand» und «Frauen mit Herz».

Gret Hallers Horizont ist weit gesteckt, sie denkt nicht nur an die Frauen im eigenen Land, sondern vor allem an jene in vielen Entwicklungsländern, wo die männliche Welt ausgeprägt dominiert. In den Ländern der Dritten Welt leisten die Frauen zwar zusätzlich zur Kindererziehung 75% der gesamten Feldarbeit – 60% aller Nahrungsmittel auf der Erde werden von Frauen in Entwicklungsländern produziert –, aber nach der Tradition ihrer Länder haben sie wenig Chance, eigenständiger zu werden. Es ist kein gutes Zeugnis für die Zivilisation des 20. Jahrhunderts, dass das Schicksal von Millionen von Frauen in der Dritten Welt noch desolater wird, wenn sie mit ihren Familien in den Flüchtlingslagern und Slums der Städte Unterschlupf und Auskommen suchen. Jahrhundertealte Traditionen können nicht in kurzer Zeit umgeformt werden, aber eine Entwicklungshilfe ohne im Alltag gelebte praktische Chancengleichheit der Geschlechter ist zum Scheitern verurteilt.

Langenbruck – ein Ökozentrum

«Der Waldenburger» ist ein kleiner Eisenbahnzug, dessen Strecke in Liestal, in Baselland, beginnt, um sich dann in sanften Windungen von einer Strassenseite zur anderen durch die Ortschaften Bubendorf, Hölstein, Niederdorf und Oberdorf im Baselbieter Jura zu schlängeln, bis er endlich in Waldenburg seine Endstation erreicht. Dort steigt man ins Postauto und fährt damit die bewaldeten Hänge hinauf, bis man in etwa 700 m Höhe Langenbruck erreicht. Am Postplatz muss man aussteigen, und dort kann man jeden nach dem Weg zum Ökozentrum fragen, denn in dem 800-Seelen-Dorf ist es zweifellos die bekannteste Institution, von manchen belächelt, von anderen auch mit Stolz oder jedenfalls mit Anerkennung quittiert.

Die Ökoleute in Langenbruck sind keine alternative Gruppe wie die in Findhorn in Schottland oder in ähnlichen Gemeinschaftszentren, die sich in den letzten zehn Jahren überall zusammengefunden haben und versuchen, mit der Natur in Einklang zu leben. Die Idee, die diese Menschen zusammenbrachte, war nicht nur die Suche nach einer neuen Lebensform, sondern auch der Wunsch, als offene Arbeits- und Forschungsgruppe, frei von Sachzwängen und dem Staub der Institutionen, neue Wege auszuprobieren, um mit Hilfe moderner Technologien zur ökologischen Gesundung unserer Lebens- und Umweltbedingungen beizutragen. So erklärt sich auch der volle Name der Gruppe: «Zentrum für angepasste Technologie und Sozialökologie». In den Gebäuden, in denen sich das alles abspielt, war ursprünglich ein Kinderheim untergebracht, das in den sechziger Jahren am Ortsrand in attraktiver Hanglage gebaut wurde. Jetzt wohnen auch drei Familien dort, um die vorhandenen Wohnmöglichkeiten auszunutzen, die anderen Ökofamilien wohnen irgendwo im Dorf. Das jeweilige Familienleben gestaltet sich ganz unabhängig voneinander, jeder hat seine eigenen Beziehungen genauso wie seine eigenen Probleme, und das Engagement für die ökologischen Fragen geschieht auch mit unterschiedlicher Konsequenz.

Das Zentrum begann im Frühjahr 1981 mit Hilfe des Kantons Baselland als eine Stiftung mit einem Krundkapital, das heute etwas mehr als eine halbe Million ausweist. Der Präsident der Stiftung ist Pierre Fornallaz, der vorzeitig aus seiner Position als Professor für Feintechnik an der Eidgenössischen Technischen Hochschule Zürich ausschied, um sich dem Aufbau des Zentrums voll widmen zu können. Jeder Mitarbeiter plant und organisiert seine eigenen Aufgaben in seinem Sachgebiet und erhält ein Grundgehalt von 2600 Franken pro Monat aus dem Zentrumsbudget sowie eine Kinderzulage – eine bescheidene Lohnsumme für qualifizierte Fachkräfte, die anderswo leicht mehr verdienen könnten, aber lieber hier an der Verwirklichung der ökologischen Ideen arbeiten.

Ein Bekenntnis zur Ökologie ist nicht nur der bescheidene Lebensstil der Ökoleute, sie probieren und praktizieren auch bei der Arbeit und im Haushalt, worüber andere nur reden. Zum Beispiel in der Zentrumsküche. Da wird der alltägliche Abfall gewissenhaft getrennt und in verschiedene Behälter geworfen: organischer Abfall für den Komposthaufen, der wirklich nichts anderes enthält als Teeblätter und Kaffeesatz, dünne Käserinden, Kartoffelschalen und Obst- und Gemüseabfall; ein anderer Behälter nimmt Plastikartikel auf, Metall, Glas und Aluminium werden separat gesammelt und ebenso Karton und Papier, das zum Wiederverwerten weggegeben wird; das Sägemehl aus der Schreinerei wandert in den Garten.

Manche Familien, wie die von Matthias Zimmermann und seiner Frau Annegreth mit ihren beiden Söhnen, sind geradezu Experten in der Handhabung von Haushaltmüll. Bei ihnen sind es wöchentlich nicht mehr als 1,7 kg, die weggeworfen werden – im Gegensatz zu den 28 kg Müll, die im Durchschnitt bei einem 4-Personen-Haushalt in der Schweiz anfallen. Die Zimmermanns sammeln nicht nur für das Recycling, sie sorgen bereits beim Einkaufen dafür, dass nicht soviel Verpackungsmaterial nach Hause getragen wird, die Milch wird zum Beispiel in einer Kanne geholt statt im Karton. Bei überlegtem Einkauf kann man seinen Haushaltsabfall tatsächlich beträchtlich reduzieren und damit auch die Unsummen an Energie und Geld, die jährlich anfallen, um unseren Wohlstandsmüll zu beseitigen.

Aber wir wollen zur Küche zurückkehren. Da sie ursprünglich für ein Kinderheim entworfen wurde, ist sie gross und nützlich ausgestattet, so dass man bequem für viele Personen darin kochen kann, und das kommt dem Lebensstil der Ökoleute sehr entgegen. Jeden Mittwoch treffen sich alle Zentrumsangehörigen mit ihren Familien, mit allen Praktikanten, den freiwilligen Mitarbeitern und

Gästen zu einem gemütlichen Mittagessen im Zentrum, das je nach Jahreszeit und Witterung im grossen Essraum oder draussen auf der Terrasse stattfindet. Es ist im allgemeinen ein sehr lebhaftes und auch frohes Beisammensein. Man tauscht Neuigkeiten aus oder gibt Nachrichten weiter, die Fortschritte der jüngsten Familienmitglieder werden begutachtet, die Kinder treffen ihre Freunde und können nach Herzenslust herumtollen oder sich auch einmal für den Arbeitsplatz des Vaters interessieren, und die Gäste haben eine Gelegenheit, die grosse Zentrumsfamilie kennenzulernen und in entspannter Atmosphäre mit allen zu plaudern. Manchmal gibt es auch etwas zu feiern – die Geburtstage werden nie vergessen –, manchmal ist es ein Abschiedsessen für jemanden, der länger in der Zentrumsgemeinschaft gelebt hat, fröhlicher ist es allerdings, wenn es eine Begrüssungsfeier ist für einen alten Freund, der wiedergekommen ist, oder aber auch für eine Gästegruppe aus der Dritten Welt.

Die beachtliche Leistung, für so viele schmackhaft und ausreichend zu kochen, wird von den Zentrumsfrauen im Wechsel übernommen, und damit den Gerichten eine Prise Gleichberechtigung zukommt, wird einer der Männer gebeten zu helfen.

Die Ökoleute sind keine Vegetarier, aber sie gehen sparsam mit den Fleischportionen um, nicht nur, weil hoher Fleischkonsum Gesundheitsprobleme heraufbeschwört, sondern auch weil der Futtermittelanbau zu Viehmastzwecken zu missbilligen ist, wenn es nur darum geht, unseren Nahrungsproteinbedarf abzudecken, während Millionen andere hungern. Wenn wir alle unseren Fleischkonsum einschränken würden, wäre die Intensivtierhaltung (zu viele Tiere auf zu kleinem Raum) überflüssig, die zu allem Übel noch zur Umweltverschmutzung beiträgt, wie das Beispiel des Baldeggersees in der Schweiz zeigt.

Wenn im Zentrum gern gefeiert wird, so wird doch auch ernsthaft gearbeitet. Um die Organisation und Finanzierung der Projekte muss sich jeder selbst bemühen, sie werden teilweise von der Industrie, von Forschungsgesellschaften, von der Regierung oder auch privat gefördert. Die Sach- und Interessengebiete sind breit gestreut. Pierre Fornallaz hat zum Beispiel eine Studie über den Energiebedarf des Oberaargaus im Jahr 2000 angefertigt und Möglichkeiten aufgezeigt, wie man ihn aus einheimischen Ressourcen abdecken kann. Willy Bierter sammelte alle erfassbaren Informationen über einheimische Arbeitsmethoden in der Dritten Welt, die bei der Flut der importierten Technologien aus unserer Welt in Gefahr sind, in Vergessenheit zu geraten, obwohl sie den lokalen Bedürfnissen oft viel besser gerecht werden. Paul Schudel hat einen Bestandskatalog über alle bisher in der Schweiz durchgeführten Umweltstudien angelegt. Nicht so spezialisiert, sondern für jedermann ist die Veröffentlichung von Hanspeter Zumsteg und Robert Horbaty unter der Überschrift «Stromsparen im Haushalt». Weil es ein so überzeugendes Beispiel für ökologisches, praxisbezogenes Denken darstellt, sollten wir es uns etwas näher ansehen.

Es gibt 2,5 Millionen Haushalte in der Schweiz, und zusammen verbrauchen sie 27% der gesamten Elektrizität des Landes. Um ihre Aussage zu illustrieren, haben Hanspeter und Robert den Haushalt der Familie Freimüller mit ihren zwei Kindern beschrieben, die alle wichtigen elektrischen Haushaltsgeräte besitzen, und haben ihren Stromverbrauch analysiert. Die Heisswasserversorgung verbraucht 2170 kWh pro Jahr, die Waschmaschine 730 kWh, zum Kochen brauchen Freimüllers 980 kWh, auf die Tiefkühltruhe entfallen 520 kWh und auf die Raumbeleuchtung 438 kWh, mit diversen anderen Geräten kommt der Gesamtjahresverbrauch auf 6941 kWh. Nach dieser Bestandsaufnahme wird gezeigt, wie man durch überlegtes Verhalten bereits erstaunliche Energieeinsparungen erreichen kann. So kann man wirtschaftlicher mit dem Heisswasser umgehen, wenn man sich vorzugsweise duscht, statt ein Vollbad zu nehmen, und mit dem Ökoschalk im Nacken sagen die Autoren, dass Duschen zu zweit nicht nur ökonomischer, sondern auch viel lustiger ist. Ein Sparduschknopf hilft ebenfalls, ausserdem sollte man sich nicht die Hände unter fliessendem Warmwasser waschen und Geschirr spülen. Es genügt auch, den Boilerthermostaten auf höchstens 60–70 °C einzustellen. Wenn die Freimüllers da, wo möglich, nur Kaltwasser benutzten und nach dem Kochen einen Topf mit Wasser auf die noch heisse Herdplatte setzten, um die Resthitze für das Abwaschwasser auszunützen, würden sie statt 2170 kWh nur 1588 kWh verbrauchen, also 27% einsparen, was sich im Haushaltsbudget doch spürbar auswirkt.

Auf diese Weise kann man mit etwas Nachdenken überall im Haus Strom sparen, zum Beispiel wenn man die Kapazität der Waschmaschine richtig ausnutzt und nur wenn es unbedingt nötig erscheint, die Wäsche bei 95° kocht. Wäschetumbler sind besonders energiehungrige Geräte und sollten nicht leichtfertig benutzt werden; in den meisten Fällen lässt es sich einrichten, dass man die Wäsche an der Luft trocknet. Auf jeden Topf gehört beim Kochen natürlich ein Deckel, und Tauchsieder sind sparsamer zum Wasserkochen, man braucht nur ein Drittel der Strommenge, die ein Topf ohne Deckel verbrauchen würde, Kühlschränke und Gefriertruhen sollten an kühlen Plätzen stehen, so wenig wie möglich geöffnet und regelmässig abgetaut werden. Bei der Raumbeleuchtung können Leuchtstoffröhren Strom sparen, und dunkle, lichtschluckende Lampenschirme sind an sich schon widersinnig. Bei gewissenhafter Umsetzung dieser einfachen Überlegungen könnte die Familie Freimüller ihren Jahresverbrauch von 6941 kWh auf 4297 kWh drosseln, das wäre eine Einsparung von 38% – nicht nur Energie, sondern auch Geld.

Hanspeter und Robert denken aber noch weiter und haben überlegt, wie hoch der Stromverbrauch der Freimüllers wäre, wenn sie sich neue, Wärme-isolierte und energiesparende Haushaltgeräte kaufen würden. Es gibt Waschmaschinen und Kochherde auf dem Markt, die bis zu 30% weniger Strom verbrauchen als die bisher gängigen Geräte, und eine Sonnenkollektoranlage zur Heisswasserbereitung würde 50% Elektrizität einsparen. Unter diesen Umständen wäre Freimüllers Stromverbrauch am Jahresende nur 3128 kWh, also weniger als die Hälfte des ursprünglichen Verbrauchs von 6941 kWh.

Hanspeter und Robert spekulieren nun, wie die Rechnung wohl im Jahr 2000 aussehen wird. Die Eltern Freimüller sind nun pensioniert, die Söhne sind verheiratet, und als energiebewusst erzogene Menschen duschen sie sicher lieber zu zweit und leben mit ihren Kindern in einer Zeit, in der es noch sparsamere Haushaltsgeräte gibt. Die ersten Exemplare dieser superökonomischen Kochherde, Gefriertruhen und Beleuchtungsanlagen sind bereits vereinzelt zu haben und werden gegen Ende unseres Jahrhunderts vermutlich überall angeboten. Die junge Familie des Jahres 2000 wird dann nur noch 1892 kWh im Jahr verbrauchen – eine Einsparung von 40% gegenüber der Bestleistung der Familie Freimüller im Jahr 1985.

Jenseits des Jahres 2000 werden Solargeneratoren wahrscheinlich auch dem Normalverbraucher zur Verfügung stehen, so dass ein ganz auf Elektrizität eingerichteter Haushalt in den ersten Dekaden des nächsten Jahrhunderts nur etwa 20% der heutigen Strommenge dem öffentlichen Netz entnehmen wird. Auf die Schweiz umgerechnet, entspricht diese Einsparung etwa der Produktion der zwei Atomkraftwerke in Beznau.

Voraussagen dieser Art sind realistisch und repräsentativ für die positive, zukunftsgerichtete Einstellung der Langenbrucker Ökoleute. In ihrer Küche gibt es keinen Topf ohne Deckel – sie stellen ihren Glauben ständig erneut unter Beweis, und das macht sich bestimmt bezahlt.

Statistiken können zwar beeindrucken, aber sie überzeugen längst nicht so wie ein Suppentopf, der in der Sonne steht und ohne sichtbare Feuerung oder Elektrizitätszufuhr beständig vor sich hin brodelt und dabei ein verführerisches Aroma ausströmt. Es ist Ueli Oehlers Solarherd. Bisher ist es immer noch ein Viertel der Weltbevölkerung, das alltäglich Holz zum Kochen verbraucht, und viele Familien verbringen mehr und mehr Zeit, um ihr Feuerungsmaterial für eine warme Mahlzeit zu sammeln, denn die Holzvorräte gehen rapide zurück. In Afrika, wo die Wüste unaufhaltsam vordringt, wird Brennholz auf den Märkten bereits zu höheren Preisen gehandelt als einheimische Lebensmittel. Gerade dort bietet die Sonne Tag für Tag ihre strahlende Kraft an, und Ueli Oehlers Solarherd nützt dieses Angebot auf bestechende Weise aus. Er besteht aus einer gut isolierten Kiste, etwa 50 cm × 50 cm gross, innen schwarz gestrichen, um die Sonnenstrahlen zu absorbieren und keine Hitze durch Reflexion zu verlieren, und wird schräg abgedeckt durch zwei Glasplatten, die im Abstand von 25 mm voneinander angebracht sind. Der Kochtopf, den man in die Kiste stellt, ist ebenfalls aussen schwarz. Unter Sonnenbestrahlung steigt die Temperatur in der Kiste auf über 100 °C an. Auch bei bedecktem Himmel funktioniert das System, nur dauert es etwas länger, bis die Kochstufe erreicht wird.

Das Beste an dem Herd ist, dass er von jedermann leicht und ohne kostspieligen Materialaufwand nachgebaut werden kann. Eine alte Sperrholzkiste tut es genauso wie Tonziegel oder Metallblechplatten, um das Gehäuse zu bauen, das dann mit Pflanzenfasern isoliert wird, wenn man so etwas Teures wie Glaswolle nicht zur Verfügung hat. Der geschlossene Herd eignet sich auch vorzüglich zum Warmhalten der Speisen – in vielen Gegenden der Dritten Welt wird traditionellerweise erst nach Einbruch der Dunkelheit gegessen. Die offene Feuerstätte hat dort allerdings auch eine tiefverwurzelte Bedeutung, die nicht so einfach zu ersetzen ist. Doch mit zunehmender Holzknappheit werden sich auch jahrhundertealte Traditionen der Menschen in den Ländern der Dritten Welt ändern und den Gegebenheiten der Zeit anpassen müssen, genauso wie sich die Lebensgewohnheiten der Industriebevölkerung ändern werden, wenn Kohle und Öl nicht mehr im gewohnten Mass zur Verfügung stehen.

Ueli Oehlers Herd ist ein Beispiel für angepasste Technologie in Entwicklungsländern. Man kocht damit, ohne die Umwelt zu berauben oder zu schädigen, man kann ihn aus einfachem Abfallmaterial herstellen, und man braucht keine Betriebsanleitung zu lesen, um ihn bedienen zu können.

Ein ganz anderes Projekt, ein Beispiel angepasster Technologien in Industrieländern, könnte als Modell zukünftiger Energieversorgung gelten. Es geht dabei um selbstgewonnene Energie, zum Beispiel durch Sonnenzellen und Windmühlen, die zu bestimmten Zeiten wie bei starkem Wind oder intensivem Sonneneinfall im Überschuss produziert wird. Problematisch ist noch die Speicherung dieser Überschussenergie, und deshalb haben Pierre Fornallaz und andere Zentrummitarbeiter Überlegungen angestellt, ob man sie nicht in das öffentliche Versorgungsnetz einspeisen könnte, damit sie den Verbrauchern zugute kommt, die selbst keine Energie gewinnen können. Die damit verbundenen technischen Probleme waren relativ einfach zu überwinden, und inzwischen haben sich die Langenbrucker auch mit der öffentlichen Versorgungsstelle «Elektra Baselland» geeinigt. Die Elektra kauft den Überschussstrom vom Zentrum zum gleichen Tarif, den das Ökozentrum bezahlt, wenn es Strom vom öffentlichen Netz bezieht, weil die eigene Produktion nicht ausreicht. Das ist eine sehr sinnvolle Regelung für beide Seiten. Komplizierter wird das System, wenn vielleicht in Zukunft viele private und industrielle Energieproduzenten ihre Überschüsse an das öffentliche Netz abgeben wollen und zu unregelmässigen Zeiten wieder abzapfen würden. Die Ökoleute erarbeiten jetzt im Projekt «Netzverbund» mögliche Lösungen für dieses Problem und sind zuversichtlich, damit eine weitere Alternative zur Überwindung der generellen Energieverknappung anbieten zu können.

Nach vier Ökowohnjahren präsentiert sich das Zentrumsgebäude wie eine Art Musterhaus für angepasste Technologienutzung im Alltag. Das ehemalige Kinderheim hatte ursprünglich eine zentrale Ölheizung für Wasser- und Raumwärme und grosse Fenster, die im Winter zu hohen Heizverlusten beitrugen. Energiebewusstes Denken erforderte also zuerst eine gründliche Gebäudeisolierung nach dem Prinzip, erhöhte Wandtemperatur ermöglicht niedrigere Raumlufttemperatur und ist ausserdem gesünder für die Bewohner. Dabei sollten weder hohe Materialkosten anfallen noch der ursprüngliche Charakter des Hauses leiden. So wurden die Mauern aussen grösstenteils mit 10 cm dicken Steinwollmatten abgedeckt, und teilweise wurden Holzgitter errichtet, an denen Grünpflanzen hochranken. Die Dachisolation konnte durch Ausschäumen der Hohlräume erreicht werden. Die grossen, doppeltverglasten Fenster waren nicht mehr dicht, aber es wäre zu teuer gewesen, sie auszuwechseln, deshalb fand man eine Teillösung, indem man eine dritte Glasscheibe an der Fensterinnenseite anbrachte, und hinter jeden Heizkörper wurde eine reflektierende Isolationsfolie geklebt. An einem Gebäudeteil wurde ein Wintergarten vorgebaut, dessen schräges Dach als Warmluftkollektor funktioniert, die erwärmte Luft fliesst von dort in den hinteren Gebäudeteil und unterstützt somit die dortige Raumheizung. An einer Schmalseite des Hauses erprobte man eine sogenannte Energiefassade, das heisst, an der verglasten Aussenwand sind wärmereflektierende Folien angebracht, die bei Sonnenschein hochgezogen bleiben, damit sich die Hauswand erwärmen kann. Wenn die Sonne abends untergeht oder auch an kalten Tagen ohne Sonneneinstrahlung werden die Folien herabgelassen und schützen die Wand vor Wärmeverlust nach aussen. Wärmemessungen im dahinterliegenden Raum ergaben in den kältesten Monaten Einsparungen von über 80% des sonst durch die Mauer abgehenden Wärmeflusses. Weitere Heizverluste wurden durch Windfänge an den Eingangstüren reduziert. Zur dezentralen Wassererwärmung dienen Wasserkollektoren auf dem Dach, in denen das Brauchwasser auch durch die Sonne erwärmt wird. Schliesslich erschien es sinnvoll, einen Holzbrennofen zu installieren, der parallel zum bereits vorhandenen Ölkessel funktioniert. Langenbruck liegt in einer waldreichen Gegend, wo es noch reichlich Brennholz gibt, was billiger und leichter zu beschaffen ist als Öl. Der Ölbrenner ist nur noch für die Übergangszeit gedacht.

Die umfangreichen Sanierungsmassnahmen zur Energieeinsparung wurden durch den Einbau eines Dieselgenerators vervollständigt. Die Anlage wird nur in den Wintermonaten benutzt, um Elektrizität zu erzeugen, dabei wird die Abwärme des Dieselmotors dem zentralen Heizungssystem zugeführt und deckt die Grundlast für die Heizung des Gebäudes. Der produzierte Strom reicht nicht nur für das Zentrum, im Winter 1983/84 wurde ein Überschuss von 8000 kWh erzeugt, der in das öffentliche Elektrizitätsnetz abgegeben werden konnte und einen beachtlichen Bonus für den Stromverbrauch des Zentrums in den folgenden Sommermonaten darstellte. Der Einbau des Dieselgenerators gab Christian Gaegauf gleichzeitig die Möglichkeit, Untersuchungen zur Reduzierung der Schadstoffemissionen durch Filtertechniken vorzunehmen und dafür zu sorgen, dass die im Zentrum arbeitende Anlage bis zu einem Drittel weniger Stickoxide und 8% weniger Russ ausstösst.

Die Investitionskosten für diese Massnahmen waren natürlich mit 350 000 Franken beachtlich, doch die Gebäudeverbesserungen sind bleibender Natur und erfordern nur geringe Instandhaltungskosten, dagegen werden die Preise für Öl und Elektrizität weiter steigen. Die durch die Sanierungsmassnahmen erreichten Einsparungen sind beeindruckend. Der Ölverbrauch wurde von 42 000 l auf 13 300 l gesenkt, der Elektrizitätsverbrauch von 39 000 kWh auf 18 000 kWh. Diese nicht unbedeutenden Ergebnisse werden sich noch verbessern lassen, wenn in Zukunft weitere angepasste Technologien in der Art von Windmühlen und Solarzellen zur Nutzung gebracht werden, und die beispielhafte Pionierarbeit der Zentrumsleute noch unterstreichen.

Die ausführliche Beschreibung all dieser Sanierungsarbeiten ist in einer 100seitigen Broschüre unter dem Titel «Energietechnische Gebäudesanierung» im AT Verlag erschienen.

Christian Gaegaufs neue Holzheizung, die er zurzeit in einem Zweifamilienhaus testet, wird die optimale Nutzung des lokal so reichlich zur Verfügung stehenden Brennstoffs möglich machen. Im Gegensatz zum rapiden Rückgang der Holzvorräte in anderen Ländern, gibt es in der Schweiz noch viele Gegenden, wo durch gewissenhafte Forstnutzung der Baumbestand für lange Zeit gesichert ist, vor allem auf bergigem Gelände, wo keine andere Bodennutzung möglich ist. Um die Brennkraft von Holz voll auszunützen, hat Christian für seinen Brennofen ein verbessertes Lüftungs- und Abzugssystem konzipiert, so dass Holz sparsamer und unter geringer Rauchentwicklung fast vollständig zu CO_2 und Wasser verbrennt. Sobald die Anlage genügend durchgetestet ist, wird sie auch kommerziell zur Verfügung stehen.

Bei unserem heutigen Lebensstandard, der uns ermöglicht, auf Wunsch heisses Wasser aus der Leitung zu zapfen und in zentralbeheizten Räumen zu wohnen, sollte man erwarten, dass alle Menschen auch genügend zu essen haben. Trotz aller verblüffender Weitsicht, die George Orwell mit seinem Buch «1984» bewies, ahnte er nicht, dass eine der verheerendsten Plagen im Jahr 1984 der Hunger sein würde. Die Ökoleute haben für solche Schrecken eher ein Gespür, und um einen Beitrag zur Lösung der Nahrungsmittelknappheit auf der Erde zu leisten, experimentiert Paul Schudel am Ökozentrum mit der Züchtung von Tilapien, einer Frischwasser-Fischart aus Afrika. Tilapien ernähren sich hauptsächlich von Wasserpflanzen und Gras und erreichen unter günstigen Bedingungen die Grösse von Forellen. Am besten gedeihen sie bei einer Wassertemperatur von 25 °C, und deshalb stehen die 500 l fassenden Kunststofftonnen, in denen sich die Fische tummeln, in einem Gewächshaus, wo die gewünschte Wassertemperatur in den wärmeren Monaten schnell erreicht wird. Zur Reinigung und Belüftung wird das Wasser aus den Tonnen in ein sogenanntes Absetzbecken gepumpt, dort bleiben die Fischexkremente und Futterreste zurück, während das Wasser durch einen Überlauf in einen mit Blähtonkugeln gefüllten und mit Wasserpflanzen bepflanzten Tank fliesst. Dieses Biofiltersystem arbeitet so effizient, dass das Wasser in den Fischtonnen selten ausgewechselt werden muss.

Paul hat festgestellt, dass die Tilapien zum optimalen Wachstum etwa 10% tierisches Eiweiss in ihrer Nahrung brauchen, die er zum Beispiel aus einer extra angesetzten Kompostwurmzucht nimmt. Ziel des Tilapia-Projektes ist es, eine einfach zu handhabende, energiesparende Fischzuchtanlage zu entwickeln, die sich jedermann in einer Gartenecke oder auf dem Balkon leisten könnte, um auch mal frischen Fisch zu essen. Die Fischzuchtanlage ermöglicht Paul, gleichzeitig zu den Studien über Fütterungs- und Kreuzungsversuche weitere Kenntnisse über die Verwendung von Sumpfpflanzen zur Abwasserreinigung zu sammeln. Weiterhin soll untersucht werden, ob sich Tilapien zusammen mit Karpfen halten lassen, und ob sich eine ähnliche Fischzuchtanlage günstig und auch ökonomisch in einen normalen Landwirtschaftsbetrieb integrieren liesse, um einen Nebenerwerb abzugeben. Tilapien schmekken gut; ab und zu stehen sie auf der Speisekarte der Mittwochs-Mittagsmahlzeiten im Zentrum. Für alle, die gerne selber eine solche Fischzuchtanlage bauen wollen, ist ein genauer Bericht unter dem Titel «Fischzucht in bepflanzten Solartonnen» ebenfalls im AT Verlag erschienen.

Paul Schudels Interesse an Wasserfilterungssystemen hat dazu geführt, dass er sich auch mit den Problemen der Abwasserreinigung beschäftigt. In der Schweiz gibt es zahlreiche Einzelgehöfte, Häuser oder Weiler, die nicht an die öffentlichen Kläranlagen angeschlossen sind und deren Abwässer erst gereinigt werden müssen, bevor sie in einen Bach oder Fluss geleitet werden. Umweltbelastende Chemikalien sollten vermieden werden, und unter Pauls Leitung wurden Sandfilter- oder Pflanzenkläranlagen an mehreren Orten angelegt, die sehr befriedigend arbeiten und als gute Beispiele «sanfter» Technologie gelten. Die Abwässer aus der Toilette sowie aus dem Badezimmer und der Küche gelangen in eine Klärgrube, wo die Festteile zu Boden sinken und ausgefault werden. Der Überlauf wird durch Sand oder Kiesel gefiltert, wo der Abbau der organischen Stoffe erfolgt. Eisenspäne, die man dem Schotterbett zugibt, entnehmen dem Abwasser ungefähr 70% der darin enthaltenen

Phosphate, und Sumpfpflanzen, die an der Oberfläche wachsen, verbessern die Reinigungsleistung des Filters. Das aus so einer «grünen» Kläranlage kommende Wasser kann unbedenklich in ein öffentliches Gewässer geleitet werden. Als Forschungsziel gilt eine Systemanlage, bei der Fäkalien getrennt kompostiert werden und das sogenannte Grauwasser (Küche, Bad) mittels Sandfilter gereinigt wird.

Wenn das erste Anliegen der Langenbrucker Zentrumsmitglieder auch die Entwicklung angepasster Technologien für die Schweiz und Westeuropa ist, so ist ihr Blick doch genauso offen für die Belange der Dritten Welt. Ein Beweis dafür ist die Arbeitsgruppe «Agrecol» (eine Namenszusammensetzung aus «agriculture écologique»). Agrecol ist Mitglied der «Internationalen Vereinigung biologischer Landbaubewegungen» (IFOAM), und es geht ihr speziell um die Wiedereinführung oder Erhaltung biologischer Landbaumethoden in den Entwicklungsregionen unserer Erde. Matthias Zimmermann und Almut Hahn begannen im Herbst 1983 eine Dokumentation über Projekte, Initiativen und Forschungsvorhaben, auch über Fachleute und weltweite Ausbildungsmöglichkeiten für standortgerechte traditionelle und biologische Landbaumethoden in den Ländern der Dritten Welt aufzubauen und einen Informationsaustauschdienst einzurichten. Finanziell wird die Arbeit zunächst für drei Jahre von einer Anzahl schweizerischer und deutscher Entwicklungshilfe-Organisationen unterstützt. Die Initiative beruht auf der Erkenntnis, dass die katastrophale Ernährungslage in vielen Ländern der Dritten Welt nicht zuletzt eine Folge der undifferenzierten Übertragung unserer auf Wirtschaftlichkeit ausgerichteten chemisch-mechanistischen Agrarmethoden in die unterentwickelten Länder ist. Dabei sind die auf Tradition und Erfahrung aufbauenden Landwirtschaftspraktiken, die den lokalen und sozialen Bedürfnissen viel besser entsprachen, häufig in Vergessenheit geraten. Agrecol möchte nun die Menschen finden, die solche Kenntnisse noch besitzen, um sie zu dokumentieren und sie anderen zur Verfügung zu stellen. Almut und Matthias wenden sich an Fachleute und Projektleiter sowie an Einzelpersonen in der ganzen Welt und bitten um Mithilfe bei der Informationssuche zu den verschiedenen Themen des standortgerechten Landbaus, ob es sich um Ackerbau und Fruchtfolgen oder Viehhaltung handelt, um Wasserkonservierung, Humusstrukturen oder auch um die Lagerung und den Verkauf der Agrarprodukte. Zusätzlich zur Dokumentation wird eine Bibliothek aus Büchern und Zeitschriften aufgebaut und ein Frage- und Antwortdienst betrieben. Wenn zum Beispiel eine Projektgruppe in Afrika Probleme mit der Bodenerosion hat oder ein Bauer in Südamerika einen Wechsel im Getreideanbau vornehmen möchte, will Agrecol versuchen, hilfreiche Informationen anzubieten oder Personen zu vermitteln, die weiterhelfen können. Umgekehrt haben die Fragenden vielleicht ihrerseits besondere Kenntnisse, die anderen wieder von Nutzen sein können. «Helfen Sie uns – wir helfen Ihnen!» ist der Slogan des Frage- und Antwortdienstes, den Almut und Matthias in vier Sprachen (Deutsch, Englisch, Französisch, Spanisch) anbieten. Die Auskunftserteilung ist für Einzelpersonen und Selbsthilfegruppen oder Projekte kostenlos, Firmen und grössere Organisationen werden um einen angemessenen Kostenzuschuss gebeten. Es ist geplant, die Arbeit von Agrecol nach drei Jahren kritisch zu überprüfen und eventuell neu zu organisieren, doch aus der Flut der täglich eintreffenden Anfragen und Briefe aus aller Welt möchte man ableiten, dass man bis dahin erst recht nicht mehr auf diesen Informationsdienst verzichten kann. Matthias und Almut freuen sich auch stets über Besucher, am liebsten sind ihnen allerdings solche, die angemeldet kommen.

Einige Schritte vom Agrecol-Büro entfernt hat man die Dritte Welt verlassen und tritt in eine neue Welt ein. Hier ist die Abteilung, in der Charlotte Rey und Markus Steinmann Häuser nach ökologischen Prinzipien entwerfen, zum Beispiel mit Strom aus natürlichen Energiequellen und sanfter Technologienutzung zur Abwasserreinigung. Charlotte und Markus sind freie Mitarbeiter des Zentrums, das heisst, sie leben von ihren Aufträgen, die inzwischen immer zahlreicher werden, doch teilen sie die Interessen und Zielsetzungen des Zentrums.

Ihre Projekte zeichnen sich unter anderem durch passive Sonnenenergienutzung aus, die sie durch einfache bauliche Massnahmen erreichen, wie zum Beispiel durch ein grosses Südfenster, durch das die Sonne auf einen besonders massiven Fussboden fällt. Tagsüber erwärmt sich der Boden, nachts gibt er die gespeicherte Wärme an den Raum ab. Neue Baustoffe und bessere Gläser unterstützen diese Art der passiven Wärmenutzung in den Ökohäusern. Charlotte und Markus beteiligen sich auch an einem Forschungsprojekt der Universität Basel, das Möglichkeiten und Nutzen von beweglichen Balkonverglasungen untersucht. Ein auf allen Seiten verglaster Balkon dient in der kalten Jahreszeit nicht nur als Luftpuffer zwischen aussen und innen, bei Sonneneinstrahlung erwärmt er sich auch rasch und gibt die Wärme an den angrenzenden

Raum ab. Es geht nun vor allem darum, eine Konstruktion zu finden, bei der die Verglasung auf möglichst einfache und bequeme Weise im Sommer entfernt werden kann, so dass wieder ein luftiger, vollwertiger Balkon entsteht.

Zurzeit wird die Idee der sogenannten Wintergartenbalkone in einem Mehrfamilienhaus in Birsfelden ausprobiert, wo acht Balkone mit verschiedenen Systemen verglast wurden. Im Verlauf von zwei Jahren sollen die Vor- und Nachteile von verschiedenen Öffnungs- und Verglasungsarten bestimmt werden. Gleichzeitig will man testen, wieweit sich der Wohnkomfort durch diese Art Wintergarten verbessern lässt, wieviel Sonnenenergie gewinnbringend gespeichert werden kann und wie sich die gesamte Energieersparnis messen lässt.

Jenseits des Tales, auf der dem Zentrum gegenüberliegenden Anhöhe, befindet sich der Bauernhof «Untere Wanne», der von Irene und Matthias Scheurer-Täuber bewirtschaftet wird. Irene ist Gründungsmitglied der Zentrumsstiftung. Matthias ist als Tierarzt tätig und widmet seine Zeit der Hofwirtschaft, ausserdem arbeitet noch eine weitere Hilfe volltätig mit. Wie könnte es anders sein, als dass der Hof nach biologischen Grundsätzen geführt wird, und in den Ställen und auf den Weiden findet sich eine bunte Mischung Vieh: Kühe, Ziegen und Geflügel, zusätzlich ein Pferd und ein Esel und natürlich Hund und Katzen. Dazwischen wachsen die beiden kleinen Töchter der Scheurers heran, sie tollen munter auf dem Hofgelände umher, oft gemeinsam mit anderen Zentrumskindern, graben im Ackerboden halbversteckte Kartoffeln aus oder schauen mit grossen Augen auf die gemächlich wiederkauenden Kühe – kurzum, sie haben die Natur zum Anfassen um sich herum. Die Scheurers sind Selbstversorger im besten Sinn und verkaufen ihre Hofprodukte: Gemüse, Kartoffeln, Obst, Fleisch, Milch und Ziegenkäse. Wenn die saisonale Arbeit viele helfende Hände braucht, zum Beispiel zum Obstpflücken oder bei der Kartoffelernte, packen die Zentrumsleute selbstverständlich gerne mit an, soweit es ihre Zeit erlaubt.

Unsere moderne Verbrauchergesellschaft produziert unglaubliche Mengen an Wegwerfartikeln, allen voran Verpackungsmaterial, aber auch Flaschen, Gläser, Dosen und Autoreifen wandern unbedenklich auf den Müllberg. Andreas Basler bemüht sich nun gemeinsam mit mehreren Gemeindebehörden, diese Müllberge zu reduzieren, denn die Kosten für die Abfallbeseitigung steigen von Jahr zu Jahr, der verbrannte Müll belastet durch die Schadstoffemissionen die Umwelt, und viele wertvolle Rohstoffe gehen auf diese Weise für immer verloren. Andreas weist darauf hin, dass ein Grossteil des Übels bereits beim Einkaufen im Geschäft beginnt, dann aber sind wir auch viel zu bequem und gedankenlos und werfen gewohnheitsmässig alles, was für uns Abfall ist, in den gleichen Kehrichtsack. Daher sieht er seine Aufgabe zuerst darin, die Menschen durch wirkungsvolle Anregungen und Informationen dazu zu bringen, ihren Haushaltsabfall gleich beim Wegwerfen nach verschiedenen Kategorien zu trennen. Fortschritte sind bereits in manchen Städten und grösseren Wohnsiedlungen zu beobachten, wo Karton, Glas, Metall, Batterien und Aluminium separat erfasst werden, um dann zur Wiederaufbereitung abgeholt zu werden. Mit den Gemeindebehörden zusammen sollen jetzt Anstrengungen unternommen werden, die Haushalte zu motivieren, den Abfall noch weiter aufzuteilen und auch organische Küchen- und Gartenabfälle zu separieren, damit sie kompostiert und als wertvoller Humus wieder im Kreislauf der Natur wirken können. Schliesslich sollte es uns allen zur zweiten Natur werden, unseren Beitrag zur Wiederverwertung wichtiger Rohstoffe zu leisten.

Es ist gewiss nicht einfach, so viele Individualisten mit ihren unterschiedlichen Interessen und Schwerpunktaktivitäten, wie sie das Ökozentrum beherbergt, unter einen Hut zu bekommen. Ein neuer Anlauf zur Verständigung wird jeden Montagvormittag gemacht, wenn sich alle zu einer Gruppensitzung treffen. Da werden Programme und Probleme und alles, was ansteht, besprochen und demokratische Entscheidungen getroffen, wenn das auch nicht immer leichtfällt. Was die äusseren Gebäulichkeiten betrifft, so sind sie wohl einfacher in Ordnung zu halten, obgleich auch da eine gewisse Aufsicht und Sorgfalt notwendig ist. Das wird dankenswerterweise von Jürg Weibel wahrgenommen. Er mäht nicht nur Rasen und sägt und hackt das Winterholz, er kümmert sich auch um die Heizung und hält überall seine Augen offen, damit Wartungs- und Instandsetzungskosten nicht unnötig steigen. Jürgs Frau Daniela hilft bei den Büroarbeiten und sorgt, wie andere Ökofrauen auch, für das Gedeihen im Gemüsegarten. Die Arbeitsräume im Zentrum werden von den jeweiligen Benützern selbst gereinigt und in Ordnung gehalten, während man sich um die gemeinsam benützten Gebäudeteile auch gemeinsam kümmert.

Der «Dritte-Welt-Laden» – das «Lädeli» am Postplatz – wurde von den Ökofrauen zur aktiven Unterstützung der Entwicklungsländer eingerichtet und bietet von Ponchos bis zum Briefpapier aus Altpapier alles, was «fremd- und ökoländisch» ist. Zweifellos hat das Zentrum auch einen wesentlichen Einfluss auf die wirtschaftliche Entwicklung von Langenbruck, denn es ist nicht nur der zweitgrösste Arbeitgeber am Ort, sondern das Verbraucherverhalten der Ökoleute hat das Angebot des Dorfladens wesentlich mitbestimmt und dadurch auch das Kaufverhalten anderer Dorfbewohner.

Bekannt wegen seiner Gastlichkeit und anregenden Atmosphäre, wird das Ökozentrum oft und gern von Besuchern aufgesucht, und es findet ein lebhafter Austausch von Ideen und Meinungen statt. Pierre Fornallaz sowie einige andere Mitarbeiter sind häufig unterwegs, um Vorträge über die verschiedenen Aspekte der Zentrumsarbeit zu halten oder an Seminarien im In- und Ausland teilzunehmen. Die Themenüberschriften klingen ausdrucksstark und direkt, wie «Die harten Fakten sprechen für den sanften Weg» oder «Einige Gedanken zur Zukunft der Arbeit». «Man kann doch nicht alles auf den Kopf stellen» und «Unsere Umwelt, das sind wir» hiessen die Titel der Wochenend-Arbeitstagungen, die vom Ökozentrum im nahegelegenen evangelischen Kirchenzentrum Leuenberg ausgerichtet wurden und ein sehr positives Echo fanden.

Das eigene Herzensanliegen unterstützt man natürlich auch, wenn es von anderen vertreten wird, und so engagierten sich die Zentrumsleute mit grossem Einsatz im Wahlkampf vor der Volksinitiative im September 1984, als es um ein Nein zum weiteren Ausbau von Atomkraftwerken in der Schweiz ging, Pierre Fornallaz sprach wiederholt bei verschiedenen Wahlveranstaltungen, und es wurden wirkungsvolle Anzeigen in den führenden Tageszeitungen aufgegeben. An der Sternwanderung, die im Herbst 1984 abgehalten wurde, um der Sorge über das Waldsterben sichtbaren Ausdruck zu geben, nahmen die Zentrumsleute nicht nur aktiv teil, sondern sie gaben den Wanderern in ihrem Haus auch Essen und Nachtunterkunft.

Ruth und Christian Gaegauf verkauften ihr Auto, als sie nach Langenbruck zogen, weil sie der Meinung sind, dass sich Autofahren und Eintreten für eine bessere Umwelt gegenseitig ausschliessen. Es gibt keine Zugverbindung nach Langenbruck, und die Busse zum Bahnhof nach Olten verkehren unregelmässig und nicht sehr häufig. Hanspeter Zumsteg war einer der Initianten der Aktion «12 autofreie Sonntage», und er und seine Frau Theres teilen ein Auto mit Annegreth und Matthias Zimmermann. Es ist ein bescheidener Renault 4, und Teilen ist eine Sache des guten Glaubens. Sie machen das nun schon seit vier Jahren und zeigen eine geduldige und konstruktive Haltung in Situationen, die für viele ein Anlass zu unflätigen Bemerkungen, zum Schimpfen oder zum Verzweifeln wären.

Annegreth sagt, es liege an der eigenen Einstellung – wenn die richtig ist, gibt es keine Schwierigkeiten. Aus ihrem Mund klingt das ganz einfach – der Anschaffungspreis und die Unterhaltskosten werden geteilt, und Benzinausgaben und Fahrkilometer werden halbjährlich abgerechnet. Das Auto wandert wöchentlich von einer Familie zur anderen, und das hat sich so gut eingespielt, dass sie meinen, sie könnten leicht noch eine dritte Familie in ihren Vertrag aufnehmen.

Die Lebenseinstellung der Ökoleute ist positiv. Weil ihnen Lebensqualität wichtig ist, setzen sie sich aktiv dafür ein und bemühen sich, unsere sozialökologischen Probleme praktisch anzupacken und einer Lösung näherzubringen. Theoretisches Interesse an den Fragen der Ökologie bekunden viele einflussreiche Personen auch aus dem öffentlichen Leben, aber die meisten finden es zu beschwerlich und unbequem, praktische Konsequenzen zu ziehen und vielleicht liebgewordene Gewohnheiten aufzugeben. Aber in Langenbruck kann man lernen, dass genutzte Sonnenenergie, Briefpapier aus Altpapier oder Seifenflocken statt synthetische Detergentien echte Alternativen darstellen, die die Lebensqualität eines verwöhnten Mitteleuropäers keineswegs schmälern. Handeln ist besser als Reden, lautet die Devise der Ökoleute, und so führen sie durch Beispiele im Alltag ihren oft aussichtslos erscheinenden Kampf gegen einen gedankenlosen, verschwenderischen Lebensstil, zu dem uns die Massenwerbung unserer Industrien beständig verführen will.

Einer der Gründe für das Gelingen ihres Unternehmens beruht sicher darauf, dass die Familien als Einheit in das Geschehen im Zentrum eingebunden sind, die Frauen genauso intensiv wie die Männer. Diese Verbundenheit in der Zielsetzung ist nicht ohne weiteres möglich, wenn Ehe- und Lebenspartner im konventionell geteilten Alltag ganz unterschiedlichen Aktivitäten nachgehen. Im Zentrum ist Haushaltsführung nicht nur Frauensache, und professionelle Aktivitäten, ob im oder ausserhalb des Zentrums, sind kein männliches Privileg – man teilt die Bereiche, wie und wo man kann, nach Interessen und Fähigkeiten und sucht in jedem Fall die Gemeinsamkeit. Dazu gehören die Kinder. Sicher ist es ein Privileg der Frauen, ihnen die Muttermilch zu geben, die Windeln werden aber auch von den Vätern gewechselt und gewaschen, es werden kaum Wegwerfwindeln benützt. Und so wachsen die Kinder in das ökologische Denken und Umweltempfinden ihrer Eltern hinein – und in ihr Umfeld, die Gemeinschaft. Das ist wichtig – wie ein Baum viele Wurzeln braucht, um zu wachsen und sich aufrecht zu halten, so hilft es dem Menschen, mit vielen Wurzeln in eine Gemeinschaft verknüpft zu sein und Halt zu finden, besonders wenn er sich auf einen neuen, unerprobten Weg macht.

Das Anliegen der Ökoleute ist nicht nur die Veränderung der Umwelt, sondern mindestens genauso – vielleicht zuerst – die der «Innenwelt», denn die «innere Verschmutzung lässt die äussere zu». Das bedeutet auch, dass man nicht nur für die Naturerhaltung arbeitet, sondern sich in ihr erfreut. Arbeit und Musse sind gleich wichtig, und unter den Zentrumsleuten ist die individuelle Einteilung der Arbeit eine Sache des gegenseitigen Vertrauens, nicht der Stechuhren. Ohne Zweifel sind es auch die persönlichen Freiheiten, die zum Empfinden echter Lebensqualität beitragen und die Zentrumsleute dafür kompensieren, dass sie nur einen niedrigen Monatslohn beziehen und sich immer wieder um die weitere Finanzierung ihrer Projekte sorgen müssen.

Zur Öffentlichkeitsarbeit gehört auch ein beständiger Fluss an Publikationen der einzelnen Zentrumsmitarbeiter über ihre Sachgebiete sowie der Jahresbericht, der in jedem Frühjahr herauskommt und gewiss mehr als die vier Franken wert ist, die er kostet (um die Herstellkosten abzudecken). Durch Fotos und Diagramme illustriert, ist er weder eine trockene Zahlenpräsentation noch eine Selbstbeweihräucherung, sondern eine lebendige Berichterstattung, bei der alle Mitarbeiter zu Wort kommen. Der Faden, der alles zusammenhält, ist die gemeinsame Zielsetzung, die sie verbindet und ihnen hilft, menschliche Differenzen und Schwierigkeiten zu überwinden.

Mit Umsicht unsere Erde bewohnen

Als der Mensch aufhörte, ein Jäger- und Sammlerleben zu führen und sesshaft wurde, griff er in die Natur ein und begann, seine Umwelt zu verändern. Er bebaute das Land. So ist die Erde im Laufe der Zeiten zunehmend von Menschen bearbeitet worden, doch erst seit Beginn des Industriezeitalters kann man von global schädigenden Eingriffen sprechen, und selbst die wurden erst innerhalb der letzten Jahrzehnte deutlich wahrnehmbar. Mit einem flüchtigen Blick lässt sich auch heute noch keine wesentliche Veränderung entdecken, denn sobald man die Städte hinter sich lässt, glitzern die Wasserläufe noch wie früher im Sonnenlicht, und die bewaldeten Berghänge und fruchtbaren Täler lassen uns immer noch das Herz höher schlagen.

Die Äcker, die so grosse Flächen der Erde bedecken, sind alle in über Tausenden von Jahren durch Menschenhand entstanden. Nachdem die Wälder gerodet und die von der Natur geschaffenen Gegebenheiten drastisch verändert worden waren, erkannten unsere Vorväter bald, dass nur schonender Umgang mit dem Erdboden und mit allem, was darauf und darin lebt, die Bodenfruchtbarkeit erhält. Sie entwickelten frühzeitig die Vierfelderwirtschaft mit jährlich wechselnden Anbauprodukten von Korn, Hackfrüchten, Gras oder Klee und Brach- oder Weideland. Unterschiedliche Feldfrüchte entnehmen dem Boden unterschiedliche Nährstoffe und sorgen so für mögliche Regeneration und Erhaltung seiner Abwehrmechanismen gegen Unkraut und Ungeziefer. Eine gute Bewirtschaftung respektiert und kopiert die Natur und entwickelt einen harmonischen Zyklus, in den auch Weidevieh und stickstoffspendende Futterpflanzen wie Klee gehören. Nach diesem Prinzip haben viele Bauerngenerationen ihr Land bestellt, ihre Methoden verbessert und die Wirtschaftlichkeit ihres Betriebes durch die selektive Züchtung neuer Frucht- oder Vieharten sowie durch die Anwendung technischer Hilfsmittel verbessert. Die Einführung der synthetischen Düngemittel brachte die sogenannte «Grüne Revolution» ins Land und machte die alte Rotationsanbauweise überflüssig. Mit dem Gedanken der Ertragssteigerung wurden immer grössere Felder Jahr für Jahr mit der gleichen Fruchtart bestellt und mit Kunstdünger versorgt, oft wird auf solchen Höfen auch gar kein Vieh mehr gehalten. Doch durch diesen Monokulturanbau leidet die Fertilität des Bodens, die stickstoffbindenden Bakterien gehen verloren, immer grössere Mengen synthetischer Dünger sind erforderlich, um den gewünschten Ertrag zu erhalten, und weil der sterile Boden auch anfälliger gegen Pflanzenschädlinge ist, werden zusätzlich noch mehr Herbizide verwendet, die über die Nahrungsmittelkette schliesslich auch in unseren Körper gelangen. Der Erdboden verliert so zunehmend seine organischen Bestandteile und seine Struktur und damit die Fähigkeit, Feuchtigkeit zu speichern. Das Regenwasser fliesst in tiefere Schichten ab, die Erde verbackt, trocknet aus und wird als toter Boden für Erosionen durch Wind und Wasser anfällig. Vor 25 Jahren initiierte Chruschtschow in der Sowjetunion ein Landwirtschaftsprogramm, das die UdSSR in der Kornversorgung unabhängig machen sollte. Tausende von Hektar Steppenland wurden umgepflügt, mit synthetischen Düngemitteln vermischt und immer wieder mit Weizen bepflanzt. Nach wenigen Jahren war der Boden verbraucht und in eine riesige Sandwüste verwandelt, auf der kein Weizenhalm mehr aufrecht stand. Im Jahr 1976 wurden zwei Drittel des Bundesstaates Iowa in den USA zu Dürregebieten erklärt, die zuvor durch chemie- und maschinenintensive Landwirtschaftsbetriebe bearbeitet worden waren. Auf den South Downs, einer Hügelkette im Süden Englands, weideten jahrhundertelang Schafe. Vor einem Jahrzehnt beschloss man, den Boden umzupflügen und nach Kunstdüngergabe mit Gerste im Monokulturverfahren zu bebauen. Erst kürzlich ging die Nachricht durch die Medien, dass die South Downs durch Erosionen grossen Schaden erlitten hätten und dort nichts mehr wachsen würde.

Die Monokulturwirtschaft basiert also auf einem grossen Missverständnis grundlegender Prinzipien, und von «Grüner Revolution» spricht auch fast keiner mehr, nachdem sich die ursprünglich spektakulären Erfolge nicht halten liessen, sondern eindeutig als Fehlschlag abgebucht werden mussten. Die Rückkehr zur biologischen Feldbestellung ist also aus mehrfachen Gründen angezeigt, nicht zuletzt weil die Betriebskosten der auf Erdöl aufbauenden konventionellen Bewirtschaftungsweise unweigerlich weiter steigen werden. Zugegeben, der Gedanke, Feldfruchtrotation, Vieh, Zäune und Hecken wieder einzuführen, da wo man jahrelang einfach nur Mais oder Gerste wachsen liess, kann wie ein Alptraum bedrücken, aber um die Erde und uns zu retten, muss es sein. Die

Umstellung kann nur langsam in Angriff genommen werden und wird sicher so viel Zeit brauchen, wie es dauerte, das Land zu zerstören – aber zu argumentieren, wir dürften keine Ertragseinbusse zulassen, solange der Hunger um die Welt geht, wäre nur eine Ausrede. Gegenwärtig wird auf unserer Erde die doppelte Menge Nahrungsmittel produziert, die gebraucht würde, um die heutige Weltbevölkerung zu ernähren, wir haben nur noch nicht gelernt, die vorhandenen Lebensmittel gerecht zu verteilen. Es geht nicht darum, wie man den Ertrag steigern kann, sondern was man anbaut und wer es isst. In Europa gibt es Butterberge und Weinseen, während in Afrika noch gehungert wird. In China haben die Menschen genug zu essen, obwohl dort zweimal so viele Personen pro Ackerfläche leben wie in Indien, wo es in jeder Stadt unzählige Bettler gibt. China ist ein Musterbeispiel für E. F. Schumachers Konzept vom «menschlichen Mass» – ein Grossteil der dortigen Landwirtschaft wird noch nach traditionellen Methoden von Kleinbauern besorgt und deckt die lokalen Bedürfnisse ab. Ostafrikanische Staaten dagegen produzieren Samen für Amateurgärtner in Europa, während die Kinder des Landes unterernährt sind. Reiche Landbesitzer in Zentralamerika pflanzen auf ihren grossen Anbauflächen Spargel für nordamerikanische Märkte, aber die Arbeiter, die den Spargel stechen, müssen mit einer Mangeldiät zufrieden sein, weil sie keine eigenen Ackerflächen besitzen. Papayas und grüne Bohnen aus Äthiopien werden in europäischen Städten gegen harte Währung verkauft, dabei stirbt das eigene Volk zu Tausenden an den Folgen des Hungers. In allen Ländern der Dritten Welt wächst die Bevölkerung schneller als die Nahrungsmittelproduktion, um so schlimmer ist es, dass die dortigen Anbauflächen nicht zur Deckung des eigenen Nahrungsmittelbedarfs genutzt werden, sondern für Exportprodukte, und jede Ertragssteigerung wieder nur denen zugute kommt, die bereits im Überfluss leben.

Die Rückkehr zum biologischen Landbau würde nicht nur der Gesundung des Ackerbodens dienen, sondern auch unserer eigenen Gesundheit. Die heutigen Lebensmittel sind nicht nur chemisch vergiftet, sie werden auch viel zu intensiv vorbehandelt und aufbereitet. Sie werden verfeinert, angereichert, homogenisiert, gesüsst, eingedickt, mit Farb- und Geschmackstoffen versehen, gekocht oder tiefgefroren – und all das, um sie möglichst lange haltbar zu machen und um sie dann schnell und fast ohne jede Arbeit auftischen zu können. Man weiss, eine gesunde Ernährung sollte ausgeglichen sein, möglichst wenige tierische Fette enthalten, dafür um so mehr natürliche Kohlehydrate, Vitamine und Ballaststoffe aus frischen Gemüsen und Obst und selbstverständlich frei von toxischen Substanzen sein. Das klingt ganz einfach, doch wenn man, wie die meisten Menschen heutzutage, im Supermarkt einkaufen geht, ist diese Regel kaum zu befolgen. Man muss dazu besondere Läden aufsuchen, und die findet man keineswegs überall.

Um diesen verschwenderischen Prozess aufrechtzuerhalten, werden Mammutbeträge für die Werbung ausgegeben. Auf dem Bildschirm werden dem Verbraucher die Wunder der Fixfertig-Sauce vorgesungen und vom ofenfertigen Goulaschauflauf oder tiefgefrorenen Apfelkuchen vorgeschwärmt. Diese fragwürdigen Genüsse werden von den attraktivsten Müttern serviert, von lebhaften, vor Gesundheit strotzenden Kindern verzehrt und von sportlichen Vätern gepriesen, die nie einen dicken Bauch bekommen werden. Nicht erzählt wird, dass die aufwendige Verpackung vieler dieser Lebensmittel den Preis der Ware bis zu einem Drittel erhöht: Papier, Pappe, Alufolie, Plastik – teure Rohmaterialien, die einfach weggeworfen werden. Überlegt man ausserdem, wie viele hundert Kilometer diese Nahrungsmittel transportiert wurden, um die Regale der Supermärkte zu füllen – aber das überlegt man ja nicht mehr. Die Rohmaterial- und Energieverschwendung ist eine fast selbstverständliche Folge eines Landwirtschaftssystems, das selbst verschwenderisch ist.

Alles, was mit Nahrungsanbau und Verteilung zusammenhängt, findet irgendwo ein Echo im Ökosystem unserer Erde, und wenn die Antwort positiv ist, wird die Menschheit profitieren können, aber wenn die Natur verletzt wird, wird es der Menschheit zum Schaden gereichen. Das ist ein altes Gesetz, doch trotz all unserer Wissensanhäufung haben wir es noch nicht gelernt, diese Regel zu respektieren. Selbst «aufgeklärte» Nationen meinen, der Natur nichts mehr schuldig zu sein. Länder im Süden Europas, wie Spanien, Griechenland und die Türkei, die keine Industriezentren darstellen, haben bisher sehr wenige Massnahmen getroffen, die dem Umweltschutz dienen. Ankara und Istanbul verschwinden im Smog, genauso wie Athen, wo antike Schätze nicht gutzumachenden Schaden erleiden. Italien, dessen Norden vor allem dicht industrialisiert und übermotorisiert ist, hat zwar eine beträchtliche Anzahl an Schutzgesetzen erlassen, aber tut wenig, um sie durchzusetzen, während Frankreich als Agrarland, das nicht in der «Sauern-Regen-Strasse» liegt, die Probleme der Umweltverschmutzung erst gar nicht näher betrachtet.

In der UdSSR glaubt man sich aufgrund der Grösse des Landes sicher zu sein – die gewaltigen Flüsse und die immense Weite des

Territoriums fördern eine gleichgültige Einstellung gegenüber jeder Art der Naturverletzungen. Rauchende Fabrikschornsteine gelten immer noch als ein Symbol des Fortschritts, und die Industrieentwicklung mit Kohleförderung, Stahlherstellung, Chemie- und Atomkraftwerken ist im Programm der Sowjets viel zu wichtig, als dass man sich durch Umweltschutzmassnahmen einen Hemmschuh anlegen würde. Mangelnde Vorkehrungen und eine gleichgültige Einstellung sind Wegbereiter für Katastrophen, über die man im Westen allerdings selten Näheres erfährt. Die kommunistischen Blockländer wie Ostdeutschland und die Tschechoslowakei leiden unter den Auswirkungen des sauren Regens, der aus den westlichen Nachbarstaaten kommt und haben enorme Waldschäden zu beklagen.

Am konsequentesten haben sich bisher die Länder am Rhein – die Schweiz, BRD, Holland und Belgien – für Umweltschutzmassnahmen und Gesetzesauflagen eingesetzt. Es sind die Länder, wo die Grünen Parteien an Bedeutung und Einfluss zunehmen, allen voran in Westdeutschland, wo sie bereits eine zwar inhomogene, aber nicht mehr wegzudiskutierende Stellung im Parlament eingenommen haben. In England hat man auch Grüne, aber das dortige Wahlsystem gibt ihnen keine Chance, die Politik von der Parlamentsebene her zu beeinflussen. Inzwischen laichen Lachse wieder in den gereinigten Flussläufen, und Smog ist ein schwarzer Fleck in der Vergangenheit, weil bereits vor einem Jahrzehnt wirksame Gegenmassnahmen ergriffen wurden, dafür hört man jetzt von gefährlichen Verunreinigungen der Irischen See durch das Atomkraftwerk Windscale. Ihre Inselmentalität lässt die Engländer leicht die Augen schliessen gegenüber den Umweltproblemen ihrer kontinentalen Nachbarn, und weil ihnen die Kosten zu hoch erscheinen, hat sich England geweigert, das von den anderen europäischen Staaten sowie den USA beschlossene Umweltschutzabkommen zu unterschreiben, in dem vereinbart wurde, den Dioxydgehalt der Luft bis 1993 um 30% zu senken. Dieses Abkommen wird auch Kanada sehr zugute kommen, denn mindestens 50% des dort fallenden sauren Regens kommt aus den USA. Öl und Kohle verbrennende Fabrikanlagen und Kraftwerke sind die Hauptschuldigen, aber Amerika hat auch noch andere Umweltprobleme – Smog in den Grossstädten wie Los Angeles, Denver und Pittsburgh und giftige Industrieabfälle in den Gewässern.

Schweden ist vermutlich das Land, das die Umweltschäden bisher am drastischsten zu spüren bekam, denn durch seine geographische Lage leidet es unter den in England und Deutschland verursachten Luftverunreinigungen. Der saure Regen hat bereits vor Jahren den Fisch- und Pflanzenbestand in unzähligen Seen und Flüssen im Süden des Landes dezimiert und 20% des Baumbestandes krank gemacht. Schweden war der erste Staat, der einen Umweltminister ernannte, und auf schwedische Initiative wurde die 1. UNO-Umweltkonferenz im Jahr 1972 in Stockholm abgehalten. Damals nahm auch Indira Gandhi daran teil, und sie sprach deutlich aus, was mancher andere nur dachte – dass die Beseitigung von Umweltschäden zunächst noch Aufgabe der reichen Nationen sei. In ihrem Land gelte es, zuerst den Hunger zu bekämpfen, und erst wenn alle Menschen etwas zu essen hätten, könnte sich die Regierung der Umweltprobleme annehmen. Wenige Wochen nach Indira Gandhis Ermordung kam es zu der Giftgastragödie in Bhopal, bei der über 2000 Menschen starben, und Indiras Sohn Rajiv musste dem Druck der öffentlichen Besorgnis nachgeben und versprach, dass sich seine Regierung in Zukunft auch der Luft- und Wasserverschmutzung annehmen würde – eine Aufgabe, die sich ein Land wie Indien sicher nur schwer leisten kann, doch wenn die Umweltbedingungen lebensbedrohend sind, nützt es auch nichts, satt zu sein. Es wird gesagt, dass die Bhopal-Tragödie auf mangelnde Sicherheitsvorkehrungen in der chemischen Fabrik Union Carbide zurückzuführen sei. Später hörte man von amerikanischen Vertretern des Konzerns, dass es in ihrer Insektizid-Fabrik in West Virginia in den vergangenen zehn Jahren mindestens 80mal zum Entweichen von Giftgas gekommen sei. Ein grosses Unglück sei stets zu verhindern gewesen, weil man die Situation rechtzeitig erkannte und kontrollieren konnte, aber die Gefahr einer Katastrophe wie in Bhopal ist nicht gebannt. Die Food and Agriculture Organization der UNO schätzt, dass jährlich etwa 10 000 Menschen durch den Kontakt mit Insektiziden oder dessen Folgeerscheinungen sterben.

Die Einstellung der Behörden zu den Fragen der Abfallbeseitigung chemischer oder nuklearer Restsubstanzen ist oft erschrekkend. Zunächst versucht man immer, den lästigen Abfall «anderswo» – weit entfernt von menschlichen Siedlungen – zu lassen, aber, wie Fritjof Capra sagt, in einem endlichen Ökosystem gibt es keinen Ort, der «anderswo» liegt. Es gibt keine befriedigende Lösung für die Atommüllbeseitigung, wie die Amerikaner indirekt zugegeben haben, indem sie eine Untersuchungskommission beauftragten, die eruieren soll, wie künftige Generationen geschützt werden könnten. Nuklearer Müll bleibt jahrtausendelang gefährlich – praktisch für immer – und es macht ihn nicht ungefährlicher, wenn er tief in der Erde vergraben wird. Jetzt konzentrieren sich die Experten darauf, ein Warnsystem zu ersinnen, das unsere Nachkommen in der fernen Zukunft vor der tödlichen Wirkung unseres nuklearen Abfalls bewahren könnte, wobei zu bedenken ist, dass es unvorhersehbare Veränderungen der Sprache und damit Verständigungsschwierigkeiten geben kann. Deshalb wurde vorgeschlagen, die Abfalldeponien durch besonders hohe und haltbare Obelisken zu kennzeichnen – ähnlich wie die Monolithe, die man zum Beispiel in Stonehenge in England gefunden hat – und allgemein verständliche Symbole einzuritzen, vielleicht den Schädel mit überkreuzten Knochen, den man auf gifthaltigen Flaschen findet. Thomas Sebeok, Professor für Semantik (die Bedeutungslehre der Sprache) an der Universität von Indiana, USA, schlug die Einführung eines Atompriestertums vor, dessen Aufgabe es wäre, die Abfalldeponien wie Heiligtümer zu hüten und Unheil und Tod dem zu verkünden, der sich eines Übergriffes schuldig machte. Die Ökobewegung wird zuweilen von Aussenstehenden verlacht und der Rückkehr zum Steinzeitalter bezichtigt – sollten es die modernen Technologien nötig machen, einen solchen Mummenschanz aufzuführen, würden wir in der Tat zu den dunklen Zeitaltern zurückkehren.

Das Bhopal-Unglück ist als die bisher grösste industriell verursachte Katastrophe in die Geschichte eingegangen, und in den folgenden Diskussionen wurde wiederholt die Ansicht geäussert, dass die modernen Technologien zu kompliziert geworden seien, um von einfachen, nicht speziell geschulten Personen gehandhabt zu werden. 1984 war zweifellos ein Jahr mit einer hohen Industrieunfallquote: Im Februar führte ein Leck in einer Ölleitung bei Cubatao in Brasilien zu einer Feuersbrunst, bei der über 500 Menschen starben; im November explodierten mehrere Flüssiggasbehälter in Mexico City, wobei es 450 Tote und über 4000 Schwerverletzte gab; im Dezember folgte dann die Bhopal-Tragödie. Die Welt ist voller hochentwickelter Technologien, und die Anzahl und das Ausmass der Unfälle wird unweigerlich zunehmen, wenn man sie unzureichend ausgebildeten Personen an die Hand gibt, die zudem keine Vorstellung davon haben, welche verheerenden Auswirkungen ein technisches Missgeschick auf die Umwelt haben kann.

Inzwischen hat die UNO erklärt, dass die Hungersnot von 1984/85, bei der 30 Millionen Menschen schwerste Not leiden, die grösste menschliche Tragödie ist, die es je gab. Dennoch werden in den USA, wo 5% der Weltbevölkerung 30% der Weltrohstoffe verbrauchen, die Ausgaben für Entwicklungshilfe herabgesetzt, um mehr Geld für Waffen zurückzustellen. Ebenso gibt die Sowjetunion astronomische Summen für sogenannte defensive Waffensysteme aus, gleichzeitig beteuern aber beide Mächte ihren Friedenswillen. Ähnlich widersinnig und kopflos erscheinen auch oft die Problemlösungen, die in den Bereichen der Wirtschaft angestrebt werden und dabei nur neue Probleme schaffen, wenn zum Beispiel die Forderung nach Produktionssteigerung mit Automation der Betriebsanlagen beantwortet wird. Selbstverständlich steigt auf diese Weise die Pro-Kopf-Produktivität, aber gleichzeitig die Zahl der Arbeitslosen.

So mögen zwar die industriellen Belange befriedigend geklärt sein, dafür gibt es Menschen, die von staatlicher Unterstützung leben müssen und sich ausgeschlossen vorkommen, weil sie mitten im Wohlstand unter weitverbreiteter Verschwendung leben. Daraus resultieren vor allem bei Jugendlichen Aggression oder Depression, kriminelle Ausbrüche oder Drogensucht, und die Älteren verfallen in Hoffnungslosigkeit und Verzweiflung. Aber die Reichtümer der Begüterten können ebenfalls Sorgen, Stress und Gesundheitsbelastungen im Gefolge haben.

Es ist eine Binsenweisheit, dass die Welt voller Widersprüchlichkeiten ist, unsere moderne Gesellschaft wird jedoch von besonders krassen Ungereimtheiten fast zerrissen und in Lager gespalten. Millionen Menschen sterben, weil sie nicht genug zu essen haben; Millionen sterben zu früh, weil sie zu viel essen. Die Supermächte sprechen scheinheilig vom Frieden, während sie mehr und mehr Waffen horten. Der ausserordentlich hohe Energieverbrauch wird als Fortschrittsbeweis gewertet, doch je mehr Öl und Kohle wir verbrennen, desto unerträglicher werden unsere Umwelt- und Lebensbedingungen. Die friedliche Nutzung der Atomkraft kann das Leben auf diesem Planeten ganz auslöschen, aber wir wollen sie uns nicht nehmen lassen, weil Zentralheizungen, Autos und volle Kühlschränke zu unserer Vorstellung von Lebensqualität gehören und man uns glauben gelehrt hat, dass ein angenehmes Leben von hoher Technologie abhängt.

Es muss auch einmal gesagt werden, dass es uns im Grunde gar nicht so bewegt, dass die Bäume krank sind, dass manche Tier- und Pflanzenart ausstirbt und dass unsere Gewässer vergiftet werden, denn was man nicht für wahr halten will, ignoriert man am liebsten. Wir kennen die Erde nur mit dem Schmuck der Bäume, umgeben von Flüssen, Seen und Meeren mit vielen Fischen darin – so war es immer. Unkenrufe, wilde Phantasien einiger Pessimisten, sagen sich viele, ganz besonders die Älteren unter uns, die ihre Lebensmitte schon überschritten haben, die mit manchem Schrekken in ihrem Leben fertig werden mussten und damit rechnen können, dass die Bäume und Fische jedenfalls noch so lange da sein werden wie sie selbst. Nur sind auch die meisten Regierungschefs Personen jenseits der Lebensmitte, und so ist es nicht sehr verwunderlich, dass sie den Umweltschützern zwar zu Munde reden, aber im Interesse ihrer Machterhaltung lieber die unmittelbaren Ängste der Menschen vor einem neuen Weltkrieg beschwören und davor Schutz nach ihren Rezepten versprechen. Es ist bezeichnend, dass die amerikanische Zukunftsuntersuchung «Global 2000» von einem jüngeren Präsidenten angeordnet wurde, ebenso wie es für die Grünen Parteien typisch ist, dass sich mehr jüngere Leute in ihren Reihen finden. Wenn sie in ihrer lässigen Art in Jeans und Pullover in den Rängen der altetablierten Regierungsvertreter erscheinen, strahlen sie trotz allen Engagements gewiss keine Autorität aus und sammeln keine Stimmen bei konventionell denkenden Wählern für sich. Doch das überrascht nicht, es beweist vielmehr die Theorie, dass wir an einem Punkt angekommen sind, wo altersstarre Institutionen nicht länger positiv auf sich anbahnende Veränderungen reagieren können. Aber Gesellschaftssysteme, die nicht flexibel sind, gehen unter und werden abgelöst.

So deutet alles darauf hin, dass das Zeitalter der männlichen Vorherrschaft in unserer Gesellschaft zu Ende geht. Die Frauen haben ihre Angelegenheiten selbst in die Hand genommen und ihr neues Selbstverständnis erklärt. Von den Frauenbewegungen, deren Vertreterinnen häufig bei den Grünen und den expressiven Friedensbewegungen anzutreffen sind – wie jene auf dem Raketenstützpunkt Greenham Common in England, die seit Jahren dort campieren und demonstrieren – werden in Zukunft entscheidende Impulse ausgehen, um ihren Einfluss in allen Bereichen des öffentlichen Lebens geltend zu machen und einen Wandel unserer Denkweisen und unseres Wertesystems zu bewirken. Die Rolle der Frau als Hilfe und Beistand des Mannes, wie sie seit Tausenden von Jahren gelebt wurde, ist meist verkannt und schlecht gelohnt worden. Es sind auch heute noch fast ausnahmslos die Frauen, die den Männern am Konferenztisch den Kaffee bringen, damit sie ihre Gedanken wach halten können, wenn sie dabei sind, Entscheidungen für beiderlei Geschlechter zu treffen. Und es sind die Frauen, die am Bett des Patienten zurückbleiben, nachdem sich der erfolgreiche Chirurg verabschiedet hat und die Schlagzeilen der Zeitung für sich beansprucht – sie sind es, die den Patienten tagaus, tagein pflegen, seine Klagen anhören, seine Launen ertragen, ihn trösten und durch ihr Dasein seine Genesung möglich machen. Bis vor kurzem haben die Frauen ihr verstecktes Wirken im Hintergrund klaglos akzeptiert, während die Männer im Rampenlicht standen und die Ehrungen einsteckten. Die Schweizer Feministin Gret Haller schreibt in ihrem Buch «Frauen und Männer»: «Irgend jemand muss ja dem Herrn Goethe die Socken gewaschen und die Rüschen gestärkt haben, falls er überhaupt solche getragen hat. Darüber hören wir in der Schule eigentlich wenig.» Sie und Millionen anderer Frauen sind dabei, das zu ändern.

Wir müssen uns auch eingestehen, dass das Zeitalter der fossilen Brennstoffe vorbei ist. Die Vorräte werden zwar erst im 21. Jahrhundert spürbar knapp werden, aber wir sollten uns bereits jetzt um alternative Energiequellen bemühen und nicht glauben, dass Atomkernkraft die Lösung sei. Für die Zukunft brauchen wir wirtschaftlichere, umweltfreundlichere und erneuerbare Energiequellen, und alles spricht dafür, dass wir uns auf die Sonne als Kraftquelle konzentrieren. Die Sonne ist der Energielieferant für alles Zellwachstum auf Erden. Das fundamentale Gefühl für unsere totale Abhängigkeit vom Sonnenlicht ist uns während des wissenschaftlichen und industriellen Zeitalters verlorengegangen. Auf einmal erschien beinahe alles machbar, und wir wuchsen auf in dem Glauben, wir wären in unseren beheizten Wohnungen und mit unseren vollen Mägen so gut wie sicher vor allem Unheil, das sich vielleicht draussen abspielen mag. Dabei steigen wir in die falsche Richtung, nämlich in die Tiefen der Erde, um Öl- und Kohlevorräte ans Licht zu holen, von denen wir unser Wohlbehagen beziehen, und dabei werden sie immer knapper. Aber die Kraft der Sonne wird den Menschen noch lange zur Verfügung stehen – sie wird nicht austrocknen wie eine Ölquelle oder erschöpft sein wie eine Kohleader oder einen Holocaust auslösen wie vielleicht ein Atomkraftwerk. Es geht nur darum, ihr unaufhörliches Energieangebot zu nutzen, den Einfallsreichtum und Erfindungsgeist junger Wissenschaftler anzuspornen und Gelder für die Weiterentwicklung bereits bestehender Technologien freizustellen. Sobald die Industrie überzeugt ist, dass Solarzellen, Wind- und Wassergeneratoren gewinnbringende Geschäfte abwerfen, wird die Entwicklung rasch voranschreiten.

Umfangreiche Eingriffe in unsere Lebensgewohnheiten wird auch die Reorganisation des bisherigen Transportsystems mit sich bringen. Die Eroberung des Luftraumes war eine der bisher grössten Errungenschaften der Menschheit, und Lufttransport wird auch in Zukunft eine grosse Rolle spielen. Ebenso wird der Strassenverkehr bedeutungsvoll bleiben, wenngleich das gegenwärtige gedankenlose Autofahren eingedämmt werden muss. Man wird auch noch Generatoren zur Wärme- und Krafterzeugung brauchen, speziell in Gebieten, wo die Sonne seltener scheint. Flüssiger Brennstoff bleibt daher aller Voraussicht nach wichtig, und Weiterentwicklungen auf diesem Gebiet sind notwendig. In Brasilien wird dem Benzin bereits heute ein bestimmter Anteil Alkohol beigemischt, der aus der Fermentation von Pflanzen gewonnen wird. Um das dazu nötige Zuckerrohr anzubauen, werden kleinere Bauern von Konzernen von ihren Feldern vertrieben und zu Slumbewohnern der Städte gemacht. Entwicklungsfähiger ist die gasförmige Treibstoffgewinnung aus Biomasse. Bestimmte Bakterien erzeugen beim Abbau organischer Abfälle Methan, das, aus Dung und Abwässern gewonnen, als gasförmiger Treibstoff in China und Indien bereits weite Verbreitung gefunden hat. Auch in Italien fahren seit Jahren zahlreiche Autos umweltfreundlich und billiger mit Methangas, das an vielen Tankstellen – hier allerdings als Erdölnebenprodukt – verkauft wird.

Doch es sind nicht nur geniale Neuentwicklungen gefragt. Wie die Langenbrucker Arbeitsgruppen zeigen, können gegenwärtig gezielte Energiesparmassnahmen den Übergang in das Solarzeitalter erleichtern. Da die Hälfte der verbrauchten Energien bei uns zu Wärmezwecken verbrannt wird, kann die grösste Einsparung durch Wärmeisoliermassnahmen unserer Gebäude erreicht werden. Spätestens in 10 Jahren wird es voraussichtlich eine Selbstverständlichkeit sein, bei Baumassnahmen von vornherein die bestmögliche Wärmeisolierung vorzusehen und die passive Gebäudeerwärmung durch Sonnenbestrahlung auszunutzen, um Heizenergien einzusparen.

Auch bei verschiedenen Fahrzeugmodellen finden sich bereits bautechnische Massnahmen, die der Energieeinsparung dienen. Hier sei nur eine Neuerung im Schiffbau erwähnt, die zurzeit erprobt wird: Es handelt sich um Aluminiumsegel, die wie vertikale Flugzeugtragflächen am Schiffsrumpf angebracht werden und sich automatisch in den Wind stellen, dadurch lassen sich bis zu 40% Treibstoff einsparen.

Intensive Sparmassnahmen sollten auch auf dem Verpackungssektor erfolgen und durch die Verbraucher unterstützt werden, indem überflüssiges und abfallreiches Verpackungsmaterial (wie Pappbehälter bei Kosmetika und Pharmazeutika beispielsweise) bereits beim Einkauf abgelöst und im Geschäft zurückgegeben werden. Natürlich müssen fragile Artikel besonders sorgfältig verpackt werden, doch das trifft nicht für Tuben, Dosen und Fläschchen aus Kunststoff zu, die dem Verteiler genauso sicher in einer Sammelpackung zugestellt werden könnten. Wenn die gekaufte Ware noch zusätzlich in Papier gewickelt oder in eine Plastiktüte gesteckt wird, ist der Mülleimer zu Hause unnützerweise wieder schnell gefüllt. Als die Menschen im letzten Weltkrieg zu gewissenhaften Materialeinsparungen aufgefordert wurden, waren sie bereitwillig dabei, weil Menschenleben in Gefahr waren. Auch jetzt ist das Leben der Menschen in Gefahr, denn die Opfer der Verschwendung sind wir.

Doch viele haben das schon begriffen. Es gibt zahlreiche Anzeichen für ein allmähliches Umdenken der Menschen und für eine umsichtigere, bewusstere Lebensführung. Die Stimmen gegen atomare Bewaffnung mehren sich rund um die Erde, und atomare Kernkraftwerke werden auch nicht mehr fraglos akzeptiert. In manchen Ländern hat sich dieser Widerstand bis zur Regierungsebene ausgedehnt, wie in Neuseeland, das trotz gegenseitiger Verteidigungsabkommen mit den USA allen Kriegsschiffen, die Nuklearwaffen an Bord tragen, die Einfahrt in seine Häfen verweigert.

Es ist 30 Jahre her, seit die Sowjetunion ihren kürbisgrossen Zwerg, den Sputnik, als ersten Satelliten in den Weltraum schickte. Inzwischen hat der Mensch den Mond betreten, und über unseren Köpfen kreisen ungezählte Satelliten, die ein Weltkommunikationsnetz darstellen, das noch kürzlich in den Bereich der Science-fiction gehörte. An vielen Orten gibt es bereits eine neue profitable Recycling-Industrie; in beinahe jeder Stadt findet man Geschäfte, die biologisch angebaute Nahrungsmittel anbieten, und jeder ernsthafte Gärtner legt einen Komposthaufen an. Eine Zeitungsnotiz der letzten Tage unterstützt die Hoffnung auf ein weitverbreitetes Umdenken in der Gesellschaft – sie besagt, dass auch im Bankgeschäft, der letzten Bastion des Konservatismus, die Ökoidee Einzug gefunden hat. In der Bundesrepublik Deutschland gibt es eine sogenannte Ökobank, die energiesparende Anlagen und Unternehmungen sowie umweltfreundliche Projekte fördert und mit günstigen Krediten unterstützen will.

Zuversichtlich stimmt auch das wachsende Engagement der Politiker aller Schattierungen für die Belange der Umwelt. Der letzte SPD-Parteitag in der BRD stand sogar unter dem Motto «Arbeit und Umwelt», was einer Zukunftsverpflichtung gleichkommt. Allerdings sehen und beschränken sich die meisten Redner noch auf Umweltschäden, die aus unserem gegenwärtigen Lebensstil resultieren und begreifen nicht, welch grundlegender gedanklicher Wandel notwendig ist, um den Weg in die neue Solar-Ära zu finden. Bereits zu Beginn der siebziger Jahre sagte Aurelio Peccei, der Gründer des «Club of Rome» (und selbst ein Industrieller), dass «die Reichen, die Mächtigen, die technisch fortgeschrittenen Nationen» schwerer zu überzeugen sind, «sie haben mehr zu verlieren und müssen die grössten Anstrengungen unternehmen. Es ist nur logisch, dass der Apell zum Handeln zuerst oder hauptsächlich an sie ergeht.» Peccei glaubt auch, dass alle Diskussionen zwischen den Nationen über Weltprobleme nichts bringen «... ohne die Revolution des Fühlens und Denkens, die unser individuelles und kollektives Urteil und Verhalten verändert und eine profunde Transformation unseres gesamten Wertsystems bewirkt».

Die Unentschlossenen, die Zauderer werden sich noch lange gegen die Veränderungen wehren und versuchen, den Status quo aufrechtzuerhalten. Man sollte jedoch auch damit rechnen, dass die Umweltschäden plötzlich ein kritisches Stadium erreichen und Krankheiten mit Todesfolgen nach sich ziehen, wie es bereits in Smog-gefährdeten Gegenden geschehen ist, oder beispielsweise auch so starke Preissteigerungen beim Benzin vorgenommen werden, dass es sich nur noch die Reichen leisten können – das könnte dazu führen, dass Menschen kopflos werden und den Prozess der Wende radikal beschleunigen wollen. Dann wird man Karl Marx zitieren, der sagte, dass echter Fortschritt nur aus Gewalt und Revolution hervorgehen kann. Fanatiker oder ernsthaft Bedrängte vergessen leicht, dass Aggression und Gewaltanwendung ihre Ziele bei denen unglaubwürdig macht, die durchaus gewillt wären, Veränderungen aufgrund von Mehrheitsbeschlüssen zu akzeptieren.

Aber die aggressiven Methoden und harten Denkweisen des 20. Jahrhunderts führen nur in die Sackgasse und müssen aufgegeben werden. Wir müssen lernen, behutsam miteinander umzugehen und in Frieden und mit Umsicht unsere Erde zu bewohnen.

Es liegt an den Medien, die Menschen allerorts zu mobilisieren und zu motivieren und dafür zu sorgen, dass die Botschaft vom Solarzeitalter auch im letzten Winkel dieser Erde gehört wird. Durch die Medienarme, die in die entlegensten Gegenden reichen, sind wir alle Weltbürger geworden – es kann keiner mehr sagen, er hätte nichts vom Hunger auf der einen Erdhälfte gehört und vom Überfluss und der Verschwendung auf der anderen. Wir sind durch die schnellen Verbindungen auf dieser Erde näher zusammengerückt, und die Probleme der einen gehen auch die anderen an. Wer in Zürich wohnt, kann nicht die Augen vor der Tatsache verschliessen, dass die Regenwälder im Amazonasgebiet verschwinden, und wer in New York wohnt, ist auch davon betroffen, dass die Sahara jedes Jahr um 25 km weiter südlich vordringt.

Diese Besorgnis um das Schicksal der Erde veranlasste die US Academy of Science, eine internationale Konferenz im Januar 1985 einzuberufen, um über die Zukunft der Antarktis zu sprechen. Die Konferenz fand im Beardmore-Gletschergebiet statt – ein umstrittenes Beispiel modernster Technologien – und beschloss, dass die Antarktis, die 14% des Erdterritoriums darstellt, international kontrolliert werden soll. Japan, das keine eigenen Kohle- und Erdölvorkommnisse im Land hat, möchte die Ölreserven in der Antarktis ausschöpfen. Vertreter der Dritten Welt fordern dagegen, dass die auf diesem Kontinent in reicher Menge vorhandenen Schätze wie Erdgas, Kohle, Öl, Gold, Silber und Uran genauso wie die Fischfanggründe vor der Küste von allen Nationen anteilig genutzt werden. Wieder andere vertreten die Meinung, dass der 6. Kontinent das letzte Naturreservoir der Erde ist und deshalb für immer unberührt bleiben sollte.

Wenn auch die Stimmen für die Nutzung der Antarktis in der Mehrzahl sind, so haben die Konferenzteilnehmer doch versichert, dass man sehr vorsichtig und mit Rücksicht auf die Umwelt bei der Ausbeutung der Erdschätze vorgehen wolle. Industrielle Entwicklungen auf der nördlichen Halbkugel der Erde sind dafür verantwortlich, dass die Wale in diesem entlegenen Erdteil DDT in ihrem Blubber tragen. Vielleicht werden weise gewordene Menschen es zu verhindern wissen, dass die Städte auf der nördlichen Halbkugel eines Tages durch Uran vergiftet werden. Wir sind schon klüger und vorsichtiger geworden, aber wir sind noch weit entfernt von dem Eifer, mit dem wir uns auf den neuen Weg begeben sollten. Die Zeit drängt, wir müssen gleich beginnen – das Ziel ist nichts anderes als die Rettung der Menschheit.